EL NIÑO HERIDO Y EL ADULTO NARCISISTA

SANANDO LA IDENTIDAD DESDE LA RAÍZ

Escrito Por

Edna L Isaac

WWW.JDNPUBLICATIONS.COM

El Niño Herido y el Adulto Narcisista, Sanando la Identidad Desde la Raíz

ISBN: 978-1-938432-58-3 (paperback)

ISBN: 978-1-938432-59-0 (Ebook)

Copyright © 2026 por Edna L Isaac

Todos los derechos reservados. Ninguna parte de este libro puede ser reproducida, almacenada o transmitida en ninguna forma ni por ningún medio —sea electrónico, mecánico, fotocopiado, grabado o de otro tipo— sin el permiso previo y por escrito del editor o del autor, excepto lo permitido por la ley de derechos de autor de los Estados Unidos.

Descargo de responsabilidad

JDN/EDUCATE Publishing es una plataforma de autopublicación que permite a los autores publicar sus obras sin necesidad de pasar por un proceso de selección editorial.

Los autores son responsables exclusivos del contenido de sus obras. JDN/EDUCATE no necesariamente comparte ni respalda las opiniones expresadas en este libro. No nos hacemos responsables de errores, omisiones o consecuencias derivadas de su lectura. Los lectores deben ser conscientes de que el contenido de este libro es responsabilidad exclusiva del autor.

Este libro fue escrito y diseñado con la ayuda de IA

Impreso en los Estados Unidos de América

ÍNDICE

PRÓLOGO 1
El Niño Herido y el Adulto Narcisista

INTRODUCCIÓN 3
Todos Cargamos Una Historia

CAPÍTULO 1 7
El Niño Que Aprendió A Sobrevivir

CAPÍTULO 2 23
Cuando El Corazón Se Endurece Para No Sentir

CAPÍTULO 3 31
El Narcisismo Como Mecanismo De Defensa

CAPÍTULO 4 39
Matrimonios Afectados Por El Trauma Infantil

CAPÍTULO 5 47
Líderes Heridos Que Hieren

CAPÍTULO 6 53
El Costo Espiritual Del Trauma No Sanado

CAPÍTULO 7 61
El Encuentro Con Cristo Sanador

CAPÍTULO 8 69
Sanando El Niño Interior

CAPÍTULO 9 77
Reaprendiendo A Amar Sin Miedo

CAPÍTULO 10 87
Relaciones Restauradas

CAPÍTULO 11 97
Una Nueva Identidad En Cristo

CONCLUSIÓN 107
La Historia No Termina En La Herida

EPÍLOGO 113
La Belleza De Lo Que Dios Restaura

PLAN DE 30 DÍAS DE SANIDAD
EMOCIONAL 117
Un Viaje Diario Hacia La Restauración

Mensaje Motivacional – Día 1 119
SEMANA 1 — Reconociendo la herida 121
SEMANA 2 — Sanando el niño interior 122
SEMANA 3 — Restaurando relaciones 124
SEMANA 4 — Identidad nueva en Cristo 126

GUÍA DE ESTUDIO PARA GRUPOS Y
LIDERES 131
Acerca del Autor 147
Referencias 151

PRÓLOGO
EL NIÑO HERIDO Y EL ADULTO NARCISISTA

Hay historias que comienzan mucho antes de que podamos recordarlas. Historias que se escriben en silencio, en miradas, en ausencias, en palabras que nunca se dijeron y en heridas que nadie supo nombrar. Este libro nace precisamente de ese lugar: del niño interior que un día fue herido y del adulto que, sin darse cuenta, aprendió a sobrevivir desde esa herida.

A lo largo de mi caminar como consejera, pastora, educadora y mujer que también ha tenido que enfrentar sus propias sombras, he visto cómo muchos adultos viven atrapados en patrones que no comprenden. Reaccionan con dureza, manipulan sin querer, se aíslan, hieren o se esconden detrás de máscaras... sin saber que, en lo profundo, hay un niño clamando por ser visto, escuchado y sanado.

Este libro no busca señalar culpables ni justificar comportamientos dañinos. Busca **entender**. Busca **iluminar**. Busca **sanar**. Porque detrás de cada adulto narcisista —sea leve, moderado o severo— suele haber un niño que aprendió a protegerse de maneras que hoy resultan destructivas.

Mi intención es llevarte de la mano a través de un viaje honesto, compasivo y revelador. Un viaje donde podrás reconocer tus propias heridas, comprender las dinámicas emocionales que te han marcado y descubrir que la sanidad no solo es posible, sino necesaria para romper ciclos y recuperar tu verdadera identidad.

Este libro no es un juicio. Es un espejo.

No es una condena. Es una invitación.

No es una historia de dolor. Es una historia de restauración.

Mi oración es que, mientras leas estas páginas, el Espíritu Santo te muestre con amor aquello que aún necesita ser abrazado, perdonado y transformado. Que puedas mirar a tu niño interior con ternura y a tu adulto con esperanza. Y que descubras que Dios no te dejó solo en tu proceso; Él ha estado contigo desde el principio, esperando el momento en que te atrevas a sanar.

Bienvenido a este viaje.
Bienvenido a tu verdad.
Bienvenido a tu restauración.

INTRODUCCIÓN
TODOS CARGAMOS UNA HISTORIA

Durante los últimos meses, antes de que Dios me regalara este libro, he estado viviendo una experiencia que ha marcado mi alma. He tenido la oportunidad de convivir con mi padre, con quien no vivía desde los 9 años de edad, hoy él es un hombre de 80 años, en una etapa de su vida donde muchos lo habían dado por perdido. Esta convivencia no fue casualidad, fue respuesta a una oración que hice desde lo más profundo de mi corazón. En aquel tiempo, él se encontraba en un lugar donde solo se esperaba su muerte. Yo le pedí a Dios que me permitiera traerlo a casa, darle un cuarto digno, y que sus últimos días fueran vividos con respeto, cuidado y un poco de la dignidad que la vida le había arrebatado.

Su situación era dolorosa. Según él, su esposa de más de 40 años lo había dejado allí, sin intención de volver a verlo. Y era cierto. Mientras estuvimos en Puerto Rico buscándolo, ella ni llamó ni se apareció, a pesar de estar a solo tres minutos de distancia. Ese abandono fue el eco de muchas heridas que él había cargado en silencio.

Hoy, mi padre escribe su propio libro: *Abandonado al Olvido, pero Amado por Dios*, donde narra parte de su historia. Y mientras recopilábamos sus memorias, Dios comenzó a ministrarme profundamente. Fue en ese proceso que nació este libro. Antes de que llegara a tus manos, este mensaje primero tocó mi corazón. Porque aunque seamos cristianos, aunque amemos a Dios, todos tenemos rincones ocultos en el alma donde el narcisismo ha asomado su rostro. A veces lo manifestamos sin darnos cuenta. A veces lo justificamos. Pero muchas veces, simplemente no sabemos cómo identificarlo, y mucho menos cómo sanarlo.

Este libro es una invitación a mirar hacia adentro. A reconocer que, aunque amamos a Cristo y deseamos hacer el bien, hay patrones que se han formado desde nuestra infancia, desde antes de tener palabras, desde antes de entender lo que significaba ser amados o rechazados.

Muchos crecimos en hogares donde hubo amor, pero también silencio. Donde hubo provisión, pero no afecto. Donde hubo exigencia, pero no validación. Y otros, lamentablemente, crecieron en hogares donde hubo abuso, abandono o violencia como lo fue en mi caso, y en el caso de mi padre, al igual que el de su padre.

La infancia deja huellas. Algunas son visibles. Otras están escondidas en lo más profundo del alma.

Este libro nace para iluminar esas huellas. Para mostrar cómo el trauma infantil moldea nuestra identidad, nuestras relaciones, nuestra espiritualidad y la forma en que amamos. Para revelar cómo un niño herido puede convertirse en un adulto que se protege con frialdad, control, distancia o narcisismo defensivo.

Pero también nace para traer esperanza. *Porque lo que fue herido puede ser sanado. Lo que fue roto puede ser restaurado. Lo que fue distorsionado puede ser redimido.*

Este libro no es solo información. Es un camino. Un proceso. Una invitación a reencontrarte con tu historia, abrazar tu verdad, sanar tu niño interior y descubrir tu identidad en Cristo.

Mi oración es que cada página sea un espejo, un abrazo y una puerta.

Un espejo para ver tu realidad.
Un abrazo para validar tu dolor.
Una puerta para entrar en la libertad que Dios tiene para ti.

CAPÍTULO 1
EL NIÑO QUE APRENDIÓ A SOBREVIVIR

Cómo el trauma temprano moldea la identidad

Como hemos mencionado, cada uno de nosotros lleva por dentro una historia que no escogimos. Una historia que comenzó antes de que tuviéramos palabras, antes de que pudiéramos defendernos, antes de que entendiéramos lo que significaba ser amados o rechazados. De tal manera, que en algún momento de nuestra infancia, aprendimos a sobrevivir. Y ese aprendizaje —aunque nos salvó en aquel momento— se convirtió en la estructura emocional que hoy define cómo pensamos, cómo sentimos, cómo amamos y cómo reaccionamos.

Este capítulo es una invitación a mirar atrás, no para culpar, sino para comprender. Porque **lo que no se comprende, se repite**. Y lo que se repite sin conciencia, se convierte en un ciclo generacional.

1. El origen de la herida: cuando el mundo era demasiado grande

La infancia es un territorio sagrado. Es el lugar donde se forma nuestra identidad, nuestra capacidad de confiar, nuestra percepción del amor y nuestra relación con la vulnerabilidad. Es el primer escenario donde aprendemos —o no aprendemos— lo que significa ser vistos, escuchados y valorados. Pero para muchos de nosotros, ese territorio sagrado se convirtió en un campo de batalla emocional.

Según Orth, Krauss y Back (2024), los patrones narcisistas pueden desarrollarse como una respuesta temprana a experiencias de inseguridad emocional.

Algunos crecieron en hogares donde había amor, sí... pero también caos, gritos, tensión y silencios que dolían más que las palabras. Otros crecieron en hogares donde había provisión, pero no afecto; donde había comida en la mesa, pero no abrazos; donde había techo, pero no refugio emocional. Otros crecieron en hogares donde había exigencia, pero no validación; donde todo debía hacerse "bien", pero nunca era suficiente. Y otros, lamentablemente, crecimos en hogares donde hubo abuso, abandono, violencia o indiferencia. Muchos crecimos escuchando frases que se clavaron en el alma:

> "No sirves para nada." "Eres una carga." "Siempre haces todo mal." "Eres igual que tu padre." "Cállate, nadie quiere escucharte." "No seas débil."

Palabras que parecían simples regaños, pero que se convirtieron en heridas profundas. Palabras que moldearon nuestra forma de vernos a nosotros mismos y de relacionarnos con los demás. Sin darnos cuenta, esas voces comenzaron a dirigir nuestra conducta: cómo amamos, cómo reaccionamos, cómo nos defendemos, cómo nos escondemos.

Pero hay algo fundamental que debemos entender:

El niño no tiene la capacidad de interpretar lo que vive. Un niño no puede decir:

- "Mi mamá está emocionalmente ausente porque también está herida."
- "Mi papá grita porque no sabe manejar sus emociones."
- "Mi cuidador no me abraza porque nunca aprendió a amar."
- "Mis padres están repitiendo patrones que ellos mismos sufrieron."

El niño no analiza. El niño no racionaliza. El niño no comprende la complejidad emocional de los adultos. **El niño solo siente.**

Y lo que siente —rechazo, miedo, abandono, confusión, soledad— se convierte en su verdad absoluta. El niño piensa:

- "Si me gritan, es porque yo soy el problema."
- "Si no me abrazan, es porque no merezco amor."
- "Si me ignoran, es porque no valgo."
- "Si me comparan, es porque no soy suficiente."

Y esa interpretación inocente, pero devastadora, se

convierte en la raíz de la herida emocional que cargamos en la adultez.

La herida no nace del evento… nace de la interpretación del niño.

La literatura psicológica muestra que el narcisismo no surge de la grandiosidad, sino de heridas profundas en la infancia (Back & Morf, 2020).

Y esa interpretación, hecha con un corazón pequeño en un mundo demasiado grande, es la que define cómo aprendemos a amar, a defendernos, a relacionarnos y a sobrevivir.

2. El cerebro en modo supervivencia

Cuando un niño experimenta trauma —sea grande o pequeño—, su cerebro hace algo extraordinario: **se reorganiza para protegerlo.**

No para hacerlo feliz. No para ayudarlo a desarrollarse. Sino para **mantenerlo vivo.** Esto no es una decisión consciente. No es algo que el niño elija. Es un mecanismo automático, biológico, instintivo.

Por eso, el cerebro infantil aprende a:

- **Apagar emociones** para no sentir dolor.
- **Leer el ambiente** para anticipar peligro.
- **Adaptarse a la inestabilidad**, aunque sea injusta o dañina.

- **Convertirse en un "adulto pequeño"**, responsable, silencioso o complaciente.
- **Desconectarse del cuerpo**, porque el miedo se siente demasiado fuerte.

Este proceso crea lo que llamamos modo supervivencia. El modo supervivencia no es un sentimiento... es un sistema completo

No es solo estar triste, asustado o confundido. Es un estado donde todo el cuerpo y la mente trabajan para evitar más daño. Un niño en modo supervivencia aprende a:

- **No llorar**, porque llorar trae castigo o burla.
- **No pedir**, porque pedir trae rechazo.
- **No confiar**, porque confiar ha sido peligroso.
- **No depender**, porque depender significa ser lastimado.
- **No mostrar vulnerabilidad**, porque la vulnerabilidad fue usada en su contra.

Este niño aprende a vivir en alerta, tenso, en guardia. Aprende a leer rostros, tonos de voz, silencios. Aprende a "portarse bien", a no molestar, a no ocupar espacio.

Pero aquí está la parte más dolorosa...

Ese niño crece. Su cuerpo crece. Su edad cambia. Su entorno cambia. **Pero su sistema emocional no crece con él.** El cerebro sigue funcionando como si el peligro fuera real, aunque ya no lo sea.

Sigue apagando emociones. Sigue desconfiando. Sigue protegiéndose. Sigue sobreviviendo... aun cuando ya es adulto.

El adulto que vive en modo supervivencia

Ese adulto puede parecer fuerte, independiente, frío o autosuficiente. Pero por dentro, sigue siendo un niño que aprendió a sobrevivir sin apoyo.

No es que no quiera sentir. Es que **su cerebro aprendió a no hacerlo**. No es que no quiera confiar. Es que **su sistema de defensa no lo permite**. No es que no quiera amar. Es que **amar se siente peligroso**. Este adulto no está roto. No está dañado sin remedio. No está condenado. **Está programado para sobrevivir**. Y ahora está aprendiendo a vivir.

3. La desconexión emocional: la primera defensa

Cuando el dolor es demasiado grande, el niño no busca una estrategia... busca sobrevivir. Y la forma más rápida de sobrevivir no es entender, ni enfrentar, ni procesar. La forma más rápida es **desconectarse**.

No porque quiera.
No porque sea fuerte.
No porque sea rebelde.
Sino porque **no tiene otra opción**.

La desconexión emocional es una anestesia del alma

Así como el cuerpo se desmaya para no sentir un golpe

demasiado fuerte, el corazón del niño se "apaga" para no sentir lo que lo está destruyendo. La desconexión emocional es un mecanismo de emergencia. Es la forma en que el niño dice:

"**Si siento esto, no voy a poder soportarlo.**"

Entonces aprende a:
- No llorar
- No pedir
- No necesitar
- No esperar
- No confiar

Aprende a vivir sin sentir, porque sentir duele demasiado.

¿Cómo se forma esta desconexión?

Sucede cuando el niño vive experiencias que superan su capacidad emocional:
- Gritos constantes
- Humillaciones
- Rechazo
- Abandono
- Violencia física o verbal
- Silencios fríos
- Castigos desproporcionados
- Falta total de afecto
- O la sensación de caminar siempre "en puntitas" para no molestar

El niño piensa:

"Si no siento, no me duele."
"Si no necesito, no me rechazan."
"Si no hablo, no me gritan."
Y así, poco a poco, se desconecta de sí mismo.

El adulto que nace de esa desconexión

Ese niño desconectado crece. Y se convierte en un adulto que:

- **No sabe expresar emociones,** porque nunca fue seguro hacerlo.
- **No sabe pedir ayuda,** porque aprendió que nadie vendría.
- **No sabe identificar lo que siente,** porque apagó sus emociones para sobrevivir.
- **No confía en nadie,** porque confiar fue peligroso.
- **Se siente solo incluso rodeado de gente,** porque la desconexión se volvió un hábito.
- **Se protege con frialdad, control o distancia,** porque es la única forma que conoce para no ser herido otra vez.

Este adulto no es frío.
No es egoísta. No es insensible.
Es un sobreviviente.

Es alguien que aprendió a vivir sin sentir porque sentir, en su infancia, era demasiado peligroso.

La desconexión no es un defecto... es una herida

Y como toda herida, puede ser sanada. Pero primero necesita ser reconocida. Porque nadie puede reconectar con sus emociones hasta que entiende por qué tuvo que apagarlas.

4. La herida primaria: *"No soy suficiente"*

Toda herida emocional profunda tiene una raíz. Y esa raíz, casi siempre, se resume en una sola frase que se clava en el alma como un hierro caliente: **"Algo en mí no fue suficiente para ser amado".**

Esa es la mentira que marca la historia de millones de niños. No nace de la verdad, sino de la interpretación inocente de un corazón que aún no sabe defenderse.

Un niño no entiende de traumas, de heridas generacionales, de padres rotos o de adultos emocionalmente inmaduros. Un niño solo entiende lo que siente. Y lo que siente, lo convierte en identidad.

Cuando las palabras se vuelven cicatrices
Imagina a una niña que crece escuchando:
- "No sirves para nada."
- "Eres una inútil."
- "Eres una carga."
- "No haces nada bien."
- "Eres vaga."
- "No sirves ni para llevar un perro a caminar."

O a un niño que cada vez que intenta ayudar, jugar o expresarse, recibe:

- "Cállate."
- "Siempre lo haces mal."
- "Tú no puedes."
- "Tú no aprendes."
- "Tú no vales."

El niño no piensa:

"Mi mamá está herida."
"Mi papá no sabe amar."
"Mis cuidadores no tienen herramientas emocionales."
No.

El niño piensa: "El problema soy yo."

Y de esta manera, la ausencia de afecto se interpreta como un defecto propio. En otras palabras, el abuso se interpreta como culpa. El abandono se interpreta como falta de valor y la exigencia se interpreta como incapacidad.

La mentira que se convierte en identidad

Lo que comenzó como una frase hiriente, una mirada de desprecio o un silencio prolongado, se convierte en una voz interna que lo acompaña toda la vida:
- "No soy suficiente."
- "No merezco amor."
- "Tengo que esforzarme más."
- "Si fallo, me rechazan."
- "Si muestro mis emociones, me lastiman."
- "Si no soy perfecto, no valgo."

Esa voz se vuelve un sistema de defensa. En una forma de sobrevivir, y en una máscara.

El adulto que nace de un niño herido

El adulto que emerge de esa herida vive con una sensación constante de:

- **Inseguridad**, porque nunca aprendió a sentirse seguro.
- **Vergüenza**, porque cree que hay algo malo en él.
- **Autocrítica**, porque repite las voces que lo formaron.
- **Perfeccionismo**, porque piensa que solo siendo impecable será aceptado.
- **Necesidad de aprobación**, porque su valor siempre dependió de otros.
- **Miedo al rechazo**, porque el rechazo fue su primera escuela emocional.

Y esta herida primaria —esta mentira sembrada en la infancia— se convierte en la semilla del:
- narcisismo defensivo,
- la frialdad emocional,
- la desconexión afectiva,
- la incapacidad de confiar,
- la dificultad para amar sin miedo,
- y la tendencia a protegerse incluso cuando ya no hay peligro.

La raíz del narcisismo no es orgullo... es dolor

Muchos adultos que parecen fríos, distantes, arrogantes o controladores, en realidad son niños heridos que aprendieron a sobrevivir sin amor. Niños que crecieron creyendo que sentir era peligroso. Niños que se prometieron a sí mismos: **"Nunca más permitiré que me lastimen"**. Y esa promesa, hecha desde el dolor, se convierte en un muro.

5. Historias que se repiten: el ciclo generacional

Lo que no se sana, se hereda. No porque queramos, sino porque no sabemos hacerlo diferente.

Un niño herido se convierte en un adulto que:

- Ama con miedo
- Cría con inseguridad
- Lidera con control
- Se relaciona desde la defensa
- Reacciona desde el trauma

Y sin querer, reproduce lo que vivió. Pero aquí está la buena noticia: **La historia puede reescribirse.** La sanidad es posible. La identidad puede restaurarse. Y el niño interior puede ser abrazado, escuchado y transformado.

Ejercicio práctico: Línea de vida emocional

Este ejercicio te ayudará a ver tu historia con más claridad. No necesitas ser experto, solo ser honesto contigo mismo.

1. **Dibuja una línea horizontal.** En una hoja, traza una línea recta de izquierda a derecha.

2. **Marca tu nacimiento y tu edad actual**

- En el extremo izquierdo escribe: **"Nacimiento"**.
- En el extremo derecho escribe tu **edad actual.**

Esta línea representa toda tu vida.

3. Señala los momentos importantes que te marcaron

A lo largo de la línea, coloca puntos o pequeñas notas donde recuerdes momentos que te impactaron emocionalmente, como:
- Heridas (algo que te dolió)
- Pérdidas (personas, lugares, estabilidad)
- Cambios fuertes (mudanzas, divorcios, separaciones)
- Momentos de miedo
- Momentos de soledad o abandono

No tienes que escribir mucho. Una palabra o frase corta es suficiente.

Ejemplos:
- "Golpes de papá"
- "Mamá me dijo que no servía"
- "Me dejaron solo"
- "Me llamaron vaga"
- "Me dijeron que no hacía nada bien"

4. Ahora marca los momentos de amor o apoyo

En otro color (si puedes), añade los momentos donde sí recibiste:
- Cariño
- Protección
- Palabras de ánimo
- Alguien que te cuidó o te defendió

Esto te ayudará a ver que tu historia tiene luces y sombras.

5. Observa tu línea

Mírala con calma. Pregúntate:
- ¿Hay más momentos de dolor que de amor?
- ¿Hay etapas donde te sentiste muy solo?
- ¿Hay patrones que se repiten?
- ¿Hubo alguien que te marcó para bien o para mal?

6. Reflexiona con estas preguntas

Escribe lo que salga, sin juzgarte:

- **¿Qué aprendí a hacer para sobrevivir?** (Callarme, complacer, esconder mis emociones, ser fuerte, no pedir ayuda...)
- **¿Qué emociones dejé de sentir para protegerme?** (Tristeza, miedo, alegría, vulnerabilidad...)
- ¿Qué partes de mí quedaron atrapadas en la

infancia? (Mi voz, mi inocencia, mi confianza, mi capacidad de jugar, mi valor...)

¿Por qué este ejercicio es tan importante?

Porque te permite ver tu vida desde arriba, como si la observaras desde la perspectiva de Dios: con claridad, compasión y propósito.

Te ayuda a entender **por qué eres como eres**, y dónde comenzó la herida que hoy estás listo para sanar.

Oración de cierre del capítulo

Amado Dios, muéstrame a través de tu Espíritu Santo al niño que fui. Muéstrame sus heridas, sus miedos, sus silencios. Ayúdame a verlo con compasión, no con juicio. Enséñame a abrazarlo como Tú lo abrazas. Sáname desde la raíz. Hazme libre para amar sin miedo. En el nombre de Jesús, Amén.

CAPÍTULO 2
CUANDO EL CORAZÓN SE ENDURECE PARA NO SENTIR

El Costo de Apagar las Emociones

Hay heridas que no sangran, pero dejan cicatrices invisibles. Hay dolores que no gritan, pero silencian el alma. Y hay corazones que no se rompen hacia afuera, sino hacia adentro.

Cuando un niño crece en un ambiente donde sentir es peligroso, expresar es arriesgado o necesitar es motivo de vergüenza, aprende a endurecer el corazón. No por maldad. No por rebeldía. Sino por supervivencia.

La investigación muestra que el cerebro infantil se adapta para sobrevivir, incluso si eso implica apagar emociones esenciales (Orth et al., 2024).

Este capítulo explora ese proceso silencioso y profundo: **cómo un corazón tierno se convierte en un corazón endurecido**, y cómo ese endurecimiento afecta la vida adulta, las relaciones, la espiritualidad y la identidad.

1. El corazón que se apaga para sobrevivir

El corazón humano fue diseñado para sentir. Para amar, llorar, reír, conectar, confiar, expresar, recibir. Pero cuando el entorno no es seguro, el corazón aprende a apagarse.

Un niño que vive:

- rechazo
- abandono
- crítica constante
- violencia emocional
- indiferencia
- exigencia extrema
- inestabilidad
- falta de afecto

aprende que sentir duele. Y que para sobrevivir, debe dejar de sentir.

Este apagamiento emocional no es una decisión consciente. Es un mecanismo automático del alma.

El niño piensa: "Si no siento, no me duele." "Si no necesito, no me rechazan." "Si no muestro, no me hieren."

Y así nace el corazón endurecido.

2. La anestesia emocional: un refugio que se convierte en prisión

La anestesia emocional es como una manta fría que cubre el corazón. Protege, pero también aísla. Evita el dolor, pero también impide el amor.

El niño anestesiado se convierte en un adulto que:

- no sabe qué siente
- no puede expresar emociones
- se desconecta en momentos de conflicto
- evita conversaciones profundas
- se siente incómodo con la vulnerabilidad
- se protege con silencio, distancia o frialdad
- confunde calma con desconexión
- confunde control con fortaleza

Lo que comenzó como refugio se convierte en prisión.

La persona no sufre "demasiado". Sufre "de menos". No porque no haya dolor, sino porque no puede acceder a él.

3. El adulto funcional pero emocionalmente desconectado

Muchos adultos que crecieron con trauma temprano son altamente funcionales. Trabajan, lideran, sirven, producen, ayudan, resuelven. Desde afuera parecen fuertes, estables, capaces. La desconexión emocional es una respuesta común en niños expuestos a ambientes impredecibles o emocionalmente inseguros (Yakeley, 2018). Esta desconexión emocional la van arrastrando a su vida de adulto.

Pero por dentro viven desconectados.

Son personas que:

- sienten que "algo falta"
- no logran disfrutar plenamente

- viven en piloto automático
- se sienten solos incluso acompañados
- no saben cómo recibir amor
- se sienten incómodos con la intimidad emocional
- evitan el conflicto o lo enfrentan con dureza
- se sienten "vacíos" sin saber por qué

La desconexión emocional no es falta de amor. Es falta de acceso al amor.

4. El cuerpo como archivo del dolor no procesado

Cuando el corazón se endurece, el cuerpo se convierte en el archivo del dolor.

El cuerpo guarda:

- tensiones
- dolores crónicos
- ansiedad
- insomnio
- fatiga emocional
- reacciones exageradas
- hipervigilancia
- problemas digestivos
- respiración superficial

El cuerpo habla lo que el corazón calla.

Muchos adultos dicen: "No sé por qué reacciono así." "No sé por qué me siento tan tenso." "No sé por qué me cuesta tanto confiar." "No sé por qué me cierro cuando alguien se acerca."

La respuesta está en la infancia. En el corazón que aprendió a endurecerse para sobrevivir.

5. La incapacidad de pedir ayuda: la herida más profunda

Un niño que no recibió ayuda cuando la necesitaba, aprende a no pedirla. Aprende que depender es peligroso. Que necesitar es vergonzoso. Que mostrar debilidad es arriesgado. Ese niño se convierte en un adulto que:

- no pide apoyo
- no expresa necesidades
- no muestra vulnerabilidad
- se siente incómodo recibiendo amor
- se siente culpable cuando necesita algo
- se exige ser fuerte todo el tiempo

La frase interna es: "Si pido, me rechazan." "Si muestro, me hieren." "Si necesito, me abandonan."

Por eso muchos adultos endurecidos parecen autosuficientes. Pero no lo son. Solo están protegidos.

6. El corazón endurecido en las relaciones

El endurecimiento emocional afecta profundamente las relaciones.

En el matrimonio

- Se evita la intimidad emocional
- Se responde con frialdad o silencio
- Se confunde distancia con paz

- Se interpreta la vulnerabilidad del otro como amenaza
- Se reacciona con defensa en lugar de conexión

En la familia

- Se ama, pero sin expresarlo
- Se provee, pero sin conectar
- Se está presente, pero emocionalmente ausente

En la iglesia o comunidad

- Se sirve sin permitir ser servido
- Se lidera sin permitir ser acompañado
- Se ayuda sin permitir ser ayudado

El corazón endurecido puede amar, pero no puede sentirse amado.

7. El costo espiritual de un corazón endurecido

La desconexión emocional también afecta la vida espiritual.

Un corazón endurecido:

- ora, pero no siente
- sirve, pero no se entrega
- adora, pero no se rinde
- escucha, pero no recibe
- cree, pero no confía

No porque no ame a Dios, sino porque no sabe cómo abrirse. La relación con Dios se vuelve intelectual, no íntima. Funcional, no emocional. Correcta, pero no profunda. Dios quiere tocar áreas que la persona aprendió a proteger. Y eso produce resistencia.

8. El proceso de ablandar el corazón

El corazón endurecido no se ablanda con fuerza. No se ablanda con culpa. No se ablanda con exigencia.

Se ablanda con:

- seguridad
- paciencia
- amor constante
- vulnerabilidad gradual
- espacios seguros
- presencia divina
- acompañamiento emocional
- verdad sin juicio

El corazón endurecido no necesita presión. Necesita permiso. Permiso para sentir. Permiso para llorar. Permiso para necesitar. Permiso para ser humano.

Ejercicio práctico: Identificando mis defensas emocionales

Responde con honestidad:

1. ¿Qué emociones evito sentir?

2. ¿Qué situaciones me hacen desconectarme?
3. ¿Qué hago cuando alguien se acerca emocionalmente a mí?
4. ¿Qué aprendí en mi infancia sobre expresar emociones?
5. ¿Qué parte de mí estoy protegiendo cuando me cierro?

Luego escribe una frase de compasión hacia ti mismo: "Estoy aprendiendo a sentir de nuevo. Estoy a salvo."

Oración de cierre del capítulo

Señor, muéstrame las áreas donde mi corazón se ha endurecido. No para juzgarme, sino para sanarme. Enséñame a sentir sin miedo, a abrirme sin vergüenza, a confiar sin huir. Ablanda mi corazón con tu amor. Hazme sensible a tu voz, a tu presencia y a las personas que has puesto en mi vida. Amén.

CAPÍTULO 3
EL NARCISISMO COMO MECANISMO DE DEFENSA

No es Ego... Es Miedo

La palabra "narcisismo" suele usarse como un juicio moral. Se asocia con egoísmo, arrogancia, frialdad, manipulación o falta de empatía. Pero detrás de muchas conductas narcisistas no hay maldad, sino **dolor no sanado**. No hay orgullo, sino **vergüenza profunda**. No hay autosuficiencia, sino **miedo al abandono**.

Este capítulo no busca justificar comportamientos dañinos, sino comprender su raíz. Porque **lo que se comprende, se puede transformar**. Y lo que se transforma, deja de herir.

1. El narcisismo como armadura emocional

El narcisismo no nace en la adultez. No aparece de repente. No es un rasgo que alguien elige.

El narcisismo es una **armadura emocional** que se forma en la infancia cuando el niño aprende que:

- mostrar vulnerabilidad es peligroso
- depender de otros es arriesgado
- expresar emociones es inútil
- pedir afecto produce rechazo
- ser auténtico trae vergüenza

El niño herido crea un "yo alterno", una versión inflada de sí mismo que lo protege del dolor. Ese "yo alterno" es lo que llamamos **falso yo**.

2. El falso yo: la máscara que protege al niño interior

El falso yo es una construcción emocional diseñada para sobrevivir. Es la máscara que dice:

- "Estoy bien."
- "No necesito a nadie."
- "Yo puedo solo."
- "No me afecta."
- "No me importa."

Pero detrás de esa máscara hay un niño que piensa:

- "Si muestro mi necesidad, me rechazan."
- "Si muestro mi dolor, me humillan."
- "Si muestro mi fragilidad, me destruyen."

El falso yo no es arrogancia. Es protección.

3. Narcisismo vulnerable vs. narcisismo grandioso

Existen dos expresiones principales del narcisismo defensivo:

1. Narcisismo vulnerable (el más común en personas heridas)

- hipersensibilidad
- miedo al rechazo
- necesidad de aprobación
- inseguridad profunda
- vergüenza constante
- retraimiento emocional
- victimización
- dificultad para recibir corrección

Este tipo de narcisismo no se ve como arrogancia, sino como fragilidad protegida.

2. Narcisismo grandioso (la máscara más visible)

- control
- perfeccionismo
- necesidad de tener la razón
- dificultad para pedir perdón
- superioridad aparente
- frialdad emocional
- exigencia hacia otros
- incapacidad de reconocer errores

Este tipo de narcisismo no es fortaleza. Es miedo

disfrazado de poder. Ambos nacen del mismo lugar: **una herida infantil no atendida.**

4. La vergüenza tóxica: la raíz oculta

La vergüenza tóxica es la creencia profunda de que "hay algo malo en mí". No es culpa por lo que hice. Es vergüenza por lo que soy.

El niño que crece con vergüenza tóxica piensa:

- "No soy suficiente."
- "No soy digno de amor."
- "No valgo."
- "Soy un problema."
- "Soy demasiado."
- "Soy muy poco."

Para sobrevivir a esa vergüenza, el niño crea una identidad defensiva. Una identidad que dice:

- "Yo soy especial."
- "Yo soy fuerte."
- "Yo no necesito a nadie."
- "Yo tengo el control."

Pero esa identidad no es real. Es una coraza.

5. La necesidad de ser servido: un grito del niño interior

El adulto narcisista exige lo que nunca recibió:

- atención
- validación
- reconocimiento
- afirmación
- cuidado
- prioridad

No lo pide con palabras. Lo exige con actitudes. No porque sea egoísta, sino porque su niño interior sigue hambriento. El narcisismo es un intento desesperado de llenar un vacío emocional que se formó en la infancia.

6. La incapacidad de reciprocidad: cuando el corazón no aprendió a amar

El narcisismo defensivo no sabe amar de manera madura. No porque no quiera, sino porque **no aprendió cómo**.

El niño herido no recibió:

- empatía
- escucha
- validación
- afecto seguro
- límites sanos
- presencia emocional

Por eso el adulto no sabe dar lo que nunca recibió.

El narcisismo no es falta de amor. Es falta de herramientas.

7. El miedo a la vulnerabilidad: la raíz de la dureza

La vulnerabilidad es el mayor enemigo del narcisismo. Porque la vulnerabilidad expone al niño interior.

El adulto narcisista teme:

- ser visto
- ser conocido
- ser corregido
- ser rechazado
- ser abandonado
- ser insuficiente

Por eso se protege con:

- control
- distancia
- crítica
- perfeccionismo
- silencio
- superioridad

No es orgullo. Es miedo.

8. El narcisismo en las relaciones: un ciclo doloroso

El narcisismo defensivo crea relaciones desequilibradas.
En el matrimonio

- uno da más
- el otro exige más

- uno busca conexión
- el otro busca control
- uno quiere hablar
- el otro se cierra

En la familia

- se ama, pero sin empatía
- se provee, pero sin conexión
- se corrige, pero sin ternura

En la iglesia o liderazgo

- se lidera desde la inseguridad
- se confunde autoridad con control
- se exige obediencia sin relación
- se evita la vulnerabilidad espiritual

El narcisismo no destruye por maldad. Destruye por miedo.

9. La posibilidad de transformación

La buena noticia es esta: **el narcisismo defensivo puede sanarse.** Porque no es una identidad. Es una defensa.
Y toda defensa puede desmontarse cuando hay:

- seguridad
- amor constante
- límites sanos
- acompañamiento emocional

- confrontación compasiva
- presencia de Dios
- procesos terapéuticos
- vulnerabilidad gradual

El narcisismo no se rompe con fuerza. Se derrite con amor.

Ejercicio práctico: Identificando mis máscaras

Responde con honestidad:

1. ¿Qué partes de mí muestro para parecer fuerte?
2. ¿Qué partes de mí escondo por miedo a ser herido?
3. ¿Qué necesito, pero no sé pedir?
4. ¿Qué me da miedo mostrar?
5. ¿Qué máscara uso cuando me siento inseguro?

Luego escribe esta declaración: "Mi valor no está en mi máscara. Mi valor está en quien Dios dice que soy."

Oración de cierre del capítulo

Señor, muéstrame las máscaras que he usado para sobrevivir. No para avergonzarme, sino para liberarme. Sáname de la vergüenza que me hizo esconderme. Enséñame a vivir desde mi verdadero yo, el que Tú creaste, el que Tú amas, el que no necesita máscaras para ser aceptado. Hazme libre para amar y ser amado. Amén.

CAPÍTULO 4
MATRIMONIOS AFECTADOS POR EL TRAUMA INFANTIL

Cuando dos niños heridos
intentan amar como adultos

El matrimonio es uno de los lugares donde el trauma infantil se manifiesta con mayor fuerza. No porque la pareja sea el problema, sino porque **la intimidad revela lo que la distancia esconde**. Sin embargo, estudios recientes confirman que la falta de validación emocional en la niñez contribuye a la formación de defensas narcisistas en la adultez (EBSCO Research Starters, s.f.). En la convivencia diaria, en la cercanía emocional, en la vulnerabilidad que exige el amor, emergen heridas que estaban dormidas. El matrimonio se convierte en un espejo que refleja no solo lo que somos hoy, sino lo que fuimos ayer. Este capítulo explora cómo dos historias emocionales incompletas pueden chocar, cómo el trauma infantil afecta la comunicación, la intimidad y la conexión, y cómo la sanidad es posible cuando ambos deciden caminar hacia la verdad con humildad y compasión.

1. El matrimonio: el escenario donde el niño interior despierta

El matrimonio no solo une a dos adultos. Une a dos historias, a dos infancias, a dos heridas y a dos formas de sobrevivir.

Por eso, cuando una pareja enfrenta conflictos repetitivos, no siempre están discutiendo por lo que creen. Muchas veces están discutiendo desde su niño interior.

Ejemplos comunes:

- El que teme el abandono se aferra.
- El que teme la invasión se distancia.
- El que aprendió a callar se desconecta.
- El que aprendió a defenderse ataca.
- El que nunca fue escuchado grita.
- El que nunca fue validado exige.

No son dos adultos peleando. Son dos niños heridos reaccionando.

2. La intimidad como detonante del trauma

La intimidad emocional es hermosa, pero también es peligrosa para quien creció sin seguridad afectiva.

La intimidad activa:

- el miedo al rechazo
- el miedo a ser visto

- el miedo a ser insuficiente
- el miedo a perder control
- el miedo a depender
- el miedo a ser herido

Por eso, muchas personas que desean amor también lo evitan. Quieren cercanía, pero temen la vulnerabilidad que esa cercanía exige.

El matrimonio se convierte en un campo de batalla entre el deseo de conectar y el miedo a ser herido.

3. El ciclo del conflicto: cuando la herida dirige la conversación

La mayoría de los conflictos matrimoniales no comienzan con un problema real, sino con una emoción no atendida.

Ejemplo del ciclo:

1. Uno se siente ignorado.
2. El otro se siente atacado.
3. Uno exige.
4. El otro se defiende.
5. Uno llora.
6. El otro se cierra.
7. Ambos se sienten incomprendidos.

Y el ciclo se repite. No están peleando por la basura, el dinero, el tiempo o la rutina. Están peleando por:

- sentirse vistos
- sentirse amados
- sentirse seguros
- sentirse importantes

El conflicto es el síntoma. La herida es la raíz.

4. El miedo a la vulnerabilidad: el enemigo del amor

El amor requiere vulnerabilidad. Pero el trauma enseña a protegerse. Por eso, en muchos matrimonios:

- uno quiere hablar
- el otro quiere evitar
- uno quiere acercarse
- el otro quiere espacio
- uno quiere resolver
- el otro quiere silencio

Ambos creen que el otro es el problema. Pero el verdadero enemigo es el miedo. El miedo a ser visto. El miedo a ser rechazado. El miedo a no ser suficiente. El miedo a repetir la historia.

5. La comunicación imposible: cuando el corazón está en modo defensa

Cuando el trauma se activa, la comunicación se distorsiona.

El que se siente abandonado dice:

"¿Por qué no estás aquí?" Pero lo que quiere decir es: "¿Soy importante para ti?"

El que se siente invadido dice:

"Déjame en paz." Pero lo que quiere decir es: "Necesito espacio para sentirme seguro".

El que se siente criticado dice:

"Siempre me atacas." Pero lo que quiere decir es: "Me duele sentir que no soy suficiente".

El que se siente ignorado dice:

"Nunca me escuchas." Pero lo que quiere decir es: "Necesito sentir que mi voz importa".

La comunicación se vuelve imposible cuando cada uno habla desde su herida y no desde su corazón.

6. El matrimonio como lugar de sanidad

Aunque el matrimonio puede activar heridas, también puede sanarlas. No porque la pareja sea responsable de curar al otro, sino porque el amor seguro crea un ambiente donde la sanidad es posible.

La sanidad ocurre cuando:

- se escucha sin juzgar
- se valida sin minimizar

- se ama sin condiciones
- se establecen límites sanos
- se practica la empatía
- se reconoce la historia del otro
- se aprende a pedir perdón
- se aprende a recibir perdón

El matrimonio no sana por magia. Sana por presencia.

7. Herramientas para matrimonios con trauma infantil
1. Comunicación segura

- Hablar desde el "yo siento", no desde el "tú haces".
- Pausar cuando el trauma se activa.
- Nombrar emociones antes de discutir.

2. Vulnerabilidad gradual

- Compartir miedos pequeños primero.
- Practicar honestidad emocional sin presión.

3. Validación emocional

- "Entiendo por qué te sientes así."
- "Tu emoción es válida."
- "Estoy contigo."

4. Límites sanos

- Espacio cuando es necesario.

- Cercanía cuando es segura.

5. Reconocer patrones

- ¿Qué activa mi herida?
- ¿Qué activa la de mi pareja?

6. Reemplazar reacciones por respuestas

- Respirar
- Pausar
- Nombrar
- Elegir

El matrimonio sano no es perfecto. Es consciente.

Ejercicio práctico: "Lo que siento vs. lo que digo"
Completa estas frases:

1. Cuando digo "déjame", en realidad siento...
2. Cuando digo "no me escuchas", en realidad necesito...
3. Cuando me enojo, en realidad tengo miedo de...
4. Cuando me cierro, en realidad estoy protegiendo...
5. Cuando exijo, en realidad estoy pidiendo...

Luego compartan sus respuestas en un ambiente seguro.
Oración de cierre del capítulo

Señor, entra en nuestro matrimonio con tu luz. Revela

las heridas que nos han separado. Danos humildad para reconocer nuestro dolor y compasión para comprender el del otro. Enséñanos a amar sin miedo, a comunicarnos sin atacar, a acercarnos sin huir. Haz de nuestro matrimonio un lugar de sanidad, no de repetición del trauma. Amén.

CAPÍTULO 5
LÍDERES HERIDOS QUE HIEREN

El peligro del liderazgo sin sanidad

El liderazgo es un privilegio, pero también una gran responsabilidad emocional y espiritual. Un líder no solo guía con sus palabras, sino con su corazón. Y cuando ese corazón está herido, confundido o endurecido, el liderazgo se convierte en un arma de doble filo.

Este capítulo no busca señalar ni condenar a los líderes heridos. Busca **comprenderlos, sanarlos y restaurarlos**, porque muchos de ellos nunca tuvieron un espacio seguro para ser vulnerables. Muchos aprendieron a liderar desde la supervivencia, no desde la sanidad.

1. El líder que aprendió a ser fuerte demasiado pronto

Muchos líderes crecieron en entornos donde tuvieron que madurar antes de tiempo. Fueron los responsables, los protectores, los que resolvían, los que cuidaban, los que sostenían.

Ese niño "fuerte" se convirtió en un adulto que:

- no pide ayuda
- no muestra debilidad
- no reconoce cansancio
- no expresa emociones
- no permite que otros lo cuiden

El liderazgo se convierte en su identidad, su refugio y su armadura. Pero detrás de esa fortaleza hay un corazón cansado.

2. El liderazgo como mecanismo de defensa

Para muchos, liderar no es solo servir. Es protegerse. El liderazgo se convierte en:

- una forma de controlar lo que no pudieron controlar en la infancia
- una manera de evitar sentirse vulnerables
- un refugio para esconder inseguridades
- un escenario donde recibir validación
- un rol que les da valor cuando no lo sienten internamente

No todos los líderes buscan poder. Muchos buscan seguridad.

3. El líder herido que hiere sin querer

Un líder herido no hiere por maldad. Hiere porque

dirige desde su herida.

Señales de un líder herido:

- Autoritarismo disfrazado de firmeza
- Control excesivo
- Falta de empatía
- Dificultad para delegar
- Reacciones exageradas
- Incapacidad para recibir corrección
- Necesidad de reconocimiento
- Sensibilidad extrema a la crítica

No es un líder malo. Es un líder sin sanidad.

4. El peligro del liderazgo sin vulnerabilidad

Un líder que no puede ser vulnerable se convierte en un líder aislado. Y un líder aislado es un líder en riesgo.

Riesgo de:

- agotamiento
- abuso emocional
- decisiones impulsivas
- relaciones rotas
- pérdida de sensibilidad espiritual
- confundir autoridad con control
- confundir obediencia con lealtad

La vulnerabilidad no debilita al líder. Lo humaniza.

5. El impacto en la iglesia, la familia y la comunidad

Cuando un líder herido dirige, su herida se filtra en todo lo que toca.

En la iglesia:

- se crea una cultura de miedo
- se confunde respeto con sumisión
- se evita la confrontación sana
- se espiritualiza el control

En la familia:

- se exige perfección
- se minimizan emociones
- se confunde provisión con conexión

En el trabajo o comunidad:

- se lidera desde la presión
- se pierde la empatía
- se generan ambientes tensos

El liderazgo herido no solo afecta al líder. Afecta a todos los que lo siguen.

6. La restauración del líder: un proceso posible

La sanidad del líder comienza cuando reconoce que también es humano. Que también necesita ayuda. Que también tiene heridas. Que también merece descanso.

Pasos hacia la restauración:

- Reconocer la herida
- Buscar acompañamiento emocional o espiritual
- Practicar vulnerabilidad con personas seguras
- Delegar sin miedo
- Aprender a recibir corrección
- Desarrollar empatía
- Conectar con su niño interior
- Permitir que Dios toque áreas protegidas

Un líder sano no es perfecto. Es consciente.

7. Cómo acompañar a un líder herido

Los líderes también necesitan cuidado. Pero rara vez lo piden.

Formas de acompañarlos:

- Escuchar sin juzgar
- Validar sus emociones
- Ofrecer apoyo sin invadir
- Recordarles que no están solos
- Crear espacios seguros para su vulnerabilidad
- Orar por ellos sin presionarlos
- Ayudarlos a descansar sin culpa

Un líder acompañado es un líder fortalecido.

Ejercicio práctico: "Mi liderazgo y mi herida"

Responde con honestidad:

1. ¿Qué parte de mi liderazgo nace de mi herida?
2. ¿Qué parte nace de mi llamado?
3. ¿Qué me cuesta delegar y por qué?
4. ¿Qué emociones evito mostrar como líder?
5. ¿Qué necesito, pero no sé pedir?

Luego escribe esta declaración: "Mi liderazgo no depende de mi perfección, sino de mi sanidad".

Oración de cierre del capítulo

Señor, sana mi corazón como líder. Muéstrame las áreas donde he dirigido desde mi herida. Dame humildad para reconocer mis límites y valentía para buscar ayuda. Hazme un líder que ama, no que controla. Que guía, no que domina. Que sirve, no que se esconde detrás del rol. Restaura mi corazón para que pueda restaurar a otros. Amén.

CAPÍTULO 6
EL COSTO ESPIRITUAL DEL TRAUMA NO SANADO

Cuando la herida distorsiona la imagen de Dios

El trauma no solo afecta la mente y las emociones. También afecta la manera en que vemos a Dios. La herida infantil actúa como un lente emocional que distorsiona nuestra percepción espiritual. No vemos a Dios como Él es… Lo vemos como aprendimos a ver a las figuras que nos formaron. Por eso, muchas personas: Aman a Dios, pero no pueden confiar en Él. Sirven a Dios, pero no pueden descansar en Él. Buscan a Dios, pero sienten que Él está lejos. Creen en Dios, pero viven como si estuvieran solos. No es falta de fe. No es rebeldía. No es frialdad espiritual. Es **herida emocional no sanada**. Aunque en lo personal mi padre nunca me maltrató, pues yo era la más pequeña, mi relación con él no fue positiva. Crecí escuchando el odio, el rencor y el rechazo que mi familia expresaba hacia él, y esas voces moldearon mi percepción. Con el tiempo, todo aquello sembró en mí un profundo resentimiento, hasta el punto de llegar a odiarlo con todo mi corazón. Esto afectó mi relación con Dios, aunque yo no lo sabía, hasta que Él mismo se reveló a mi vida y me mostró la raíz de ese dolor.

Mi propia historia con esta distorsión

En mi primer libro, *Aprendiendo a Volar Sobre la Tormenta*, (2010) compartí cómo Dios trató conmigo para restaurar mi relación con Él. Yo amaba a Dios, pero mi caminar era inconstante. Me acercaba, pero luego me alejaba. Servía con pasión, pero después me sentía vacía. No entendía por qué no podía mantenerme firme en la fe.

No sabía que la raíz estaba en mi corazón herido. No sabía que mi alma seguía interpretando a Dios a través del dolor que había vivido con mi padre terrenal. Fue en un momento de revelación profunda que Dios me mostró algo que transformó mi vida: **no podía relacionarme plenamente con mi Padre Celestial mientras guardara resentimiento hacia mi padre terrenal.**

Perdonar a mi padre no fue justificar lo que pasó. No fue minimizar el dolor. Fue **liberar mi corazón** para poder ver a Dios como realmente es: *amoroso, presente, seguro, constante.* Ese acto de perdón abrió una puerta espiritual que yo no sabía que estaba cerrada. Me permitió experimentar a Dios sin filtros, sin miedo, sin distorsión.

En este capítulo exploraremos cómo el trauma no sanado afecta nuestra espiritualidad, nuestra identidad, nuestra capacidad de confiar en Dios, y la forma en que interpretamos Su amor.

También nos revela cómo la sanidad interior —esa obra profunda que solo Dios puede hacer— abre la puerta a una fe más libre, más segura y más verdadera. Porque cuando la herida se sana, la imagen de Dios se aclara. Y cuando la imagen de Dios se aclara, el alma finalmente descansa.

1. La herida que se convierte en teología emocional

Todos tenemos una teología bíblica y una teología emocional. La teología bíblica es lo que sabemos de Dios. La teología emocional es lo que sentimos acerca de Él.

Cuando hay trauma, estas dos teologías entran en conflicto.

La Biblia dice: "Dios es amor".
La herida dice: "El amor duele."
La Biblia dice: "Dios es Padre".
La herida dice: "Los padres abandonan".
La Biblia dice: "Dios cuida de ti".
La herida dice: "Nadie cuida de mí".
La herida se convierte en intérprete de la fe.

2. La imagen de Dios afectada por la imagen de los padres

La relación con Dios suele formarse a partir de la relación con las figuras parentales.
Si tuviste un padre ausente:
Puedes sentir que Dios está lejos.
Si tuviste una madre fría o crítica:
Puedes sentir que Dios te juzga.
Si creciste con exigencia extrema:

Puedes sentir que Dios nunca está satisfecho contigo.

Si viviste abuso o violencia:
Puedes sentir que Dios es impredecible o severo.

Si creciste sin afecto:
Puedes sentir que Dios te tolera, pero no te ama.

No es que Dios sea así. Es que la herida te enseñó a verlo así.

3. La espiritualidad como escape: cuando servir reemplaza sanar

Muchas personas heridas se refugian en la actividad espiritual para evitar enfrentar su dolor. Sirven para no sentir. Trabajan para no pensar. Ayudan para no mirar hacia adentro. Se ocupan para no confrontar su historia. La espiritualidad se convierte en anestesia, no en sanidad.

Señales de espiritualidad evasiva:

- servir sin descansar
- orar sin abrir el corazón
- ayudar sin permitir ser ayudado
- leer la Biblia sin aplicarla a uno mismo
- evitar la vulnerabilidad en la iglesia
- usar versículos para tapar emociones

No es fe. És supervivencia espiritual.

4. La desconexión emocional como desconexión espiritual

Cuando una persona está desconectada emocionalmente, también se desconecta espiritualmente. No porque no ame a Dios, sino porque no puede sentirlo.

La desconexión emocional produce:

- oraciones vacías
- adoración sin entrega
- lectura bíblica sin revelación
- servicio sin gozo
- fe intelectual, no relacional
- dificultad para sentir la presencia de Dios

El corazón endurecido no solo bloquea emociones. Bloquea experiencias espirituales.

5. La culpa y la vergüenza: los enemigos de la intimidad con Dios

La vergüenza tóxica hace que la persona se sienta indigna del amor de Dios. La culpa crónica hace que la persona viva en deuda espiritual.
La vergüenza dice: "No soy suficiente para Dios".
La culpa dice: "No hago suficiente para Dios".
Ambas distorsionan la relación con Él. La persona vive tratando de ganarse un amor que ya tiene. Sirve para ser aceptada, en lugar de servir porque es amada.

. . .

6. La fe afectada por el trauma: patrones comunes

1. **Miedo a la intimidad con Dios,** porque intimidad significa vulnerabilidad.
2. **Dificultad para confiar,** porque confiar fue peligroso en la infancia.
3. **Perfeccionismo espiritual,** porque la persona teme fallar.
4. **Dependencia de líderes,** porque busca figuras parentales sustitutas.
5. **Evitar la oración profunda,** porque teme lo que Dios pueda revelar.
6. **Sentirse indigno del amor de Dios,** porque la herida dice: "No valgo."
7. **La sanidad espiritual comienza con la verdad emocional,** Dios no sana lo que fingimos. Sana lo que reconocemos. La sanidad espiritual comienza cuando la persona puede decir: "Señor, esta es mi herida. Así es como realmente te veo. Así es como realmente me siento." La honestidad emocional abre la puerta a la revelación espiritual.
8. **Dios no se ofende por tu herida: la compasión divina,** Dios no se escandaliza por tu trauma. No se ofende por tu miedo. No se molesta por tu desconfianza. No se aleja por tu confusión. Él conoce tu historia. Él vio tu infancia. Él estuvo allí cuando nadie más estuvo. Él entiende por qué te cuesta confiar. Él sabe por qué te proteges. **Dios no exige perfección. Dios ofrece presencia.**

9. **La restauración de la imagen de Dios,** la sanidad espiritual, implica reemplazar la imagen distorsionada de Dios por la verdadera.

Dios no es ausente. Él es cercano. **Dios no es crítico.** Él es compasivo. **Dios no es exigente.** Él es paciente. **Dios no es impredecible.** Él es fiel. **Dios no es violento.** Él es protector. **Dios no es indiferente.** Él es amor.

La sanidad emocional revela al Dios verdadero.

Ejercicio práctico: Identificando mis creencias distorsionadas sobre Dios

Responde con honestidad:

1. ¿Qué siento realmente cuando pienso en Dios?
2. ¿Qué parte de mi infancia influye en esa percepción?
3. ¿Qué imagen de Dios heredé de mis padres o cuidadores?
4. ¿Qué me cuesta creer acerca del amor de Dios?
5. ¿Qué verdad bíblica necesito abrazar hoy?

Luego escribe esta declaración: "Señor, muéstrame quién eres realmente, más allá de mis heridas."

Oración de cierre del capítulo

Señor, sana mi imagen de Ti. Libérame de las

distorsiones que mi herida creó. Muéstrame tu amor como Padre, tu compasión como Amigo, tu cercanía como Sanador. Restaura mi corazón para que pueda verte con claridad, confiar sin miedo y amarte sin reservas. Amén.

CAPÍTULO 7
EL ENCUENTRO CON CRISTO SANADOR

Jesús y los quebrantados del corazón

Hay heridas que ningún ser humano puede tocar. Hay dolores que no se explican con palabras. Hay vacíos que no se llenan con afecto humano. Hay traumas que no se resuelven solo con terapia, consejería o voluntad. *Hay heridas que solo Cristo puede sanar.* Dios me dio una visión que reveló la verdad del corazón humano, una visión en un sueño que marcó mi espíritu. En el sueño veía una iglesia, y desde todas las direcciones venían personas caminando hacia ella. Pero no venían como solemos imaginarlas: vestidas, sonrientes o fuertes. No. Venían moribundas. Las veía arrastrarse con dificultad, como si cada paso les costara la vida. Tenían heridas abiertas, sangrantes. Sus rostros estaban marcados por la tristeza, la decepción, el cansancio emocional. Algunos parecían a punto de caer. Otros caminaban doblados por el peso de su dolor. Pero había algo más… algo que me estremeció. Todos cargaban una máscara en sus manos. Una máscara limpia, perfecta, sin heridas. Una máscara que no mostraba dolor, ni tristeza, ni vergüenza. Y cuando entraban por las puertas de la iglesia... se la ponían.

En un instante, sus rostros heridos desaparecían detrás de una expresión falsa de normalidad. Sus lágrimas quedaban ocultas. Sus heridas quedaban cubiertas. Su dolor quedaba silenciado.

Entraban a la casa de Dios... pero no entraban como realmente estaban. Así llegan muchos a la casa de Dios, a la Iglesia; heridos, rotos, sangrando... pero con una máscara.

Una máscara de fortaleza. Una máscara de espiritualidad. Una máscara de "todo está bien". Una máscara que oculta lo que el alma ya no puede sostener.

Jesús no toca máscaras... Jesús toca corazones

En esa visión, podemos deducir que así llegan mucho a Jesús dentro del templo. Pero Jesús no miraba las máscaras. No miraba la apariencia. No miraba la postura religiosa. Jesús miraba **el corazón detrás de la máscara**, y eso fue lo que me mostró, no lo que se ve a primera vista, sino lo que oculta un corazón herido, un alma sobreviviente y moribunda que necesita una máscara para continuar su estatus social delante de los demás.

Pero hoy el Señor dice:

"Yo vine por ellos. Por los que ya no pueden más.
Por los que se están desangrando por dentro.
Por los que aprendieron a ocultar su dolor
para sobrevivir."

Este capítulo es una invitación a encontrarte con Jesús no como figura religiosa, no como concepto, no como tradición… sino como Sanador del alma.

Como aquel que entra en los lugares donde nadie más puede entrar. Como aquel que toca lo que nadie más puede tocar. Como aquel que restaura lo que parecía perdido. Como aquel que ve más allá de la máscara y hoy te dice:

> "Muéstrame tu herida. No te voy a rechazar. No te voy a juzgar. Yo vine a sanarte."

Porque Jesús no se impresiona por la máscara. Él se mueve por la verdad del corazón. Y cuando un corazón herido se atreve a quitarse la máscara delante de Él… la sanidad comienza.

1. Jesús, el que ve lo que otros no ven

En los evangelios, Jesús siempre se acercó a los quebrantados. Nunca ignoró el dolor humano. Nunca minimizó una herida. Nunca rechazó a un corazón roto.

Él vio:

- al rechazado
- al avergonzado
- al abandonado
- al abusado
- al enfermo
- al invisible

- al que lloraba en silencio
- al que cargaba culpas que no eran suyas

Jesús no solo ve tu herida. La comprende.

Él conoce tu historia completa: lo que viviste, lo que callaste, lo que perdiste, y lo que te marcó. Y quién mejor que él para sanar tu corazón herido y maltratado.

2. Jesús no se acerca a tu máscara: se acerca a tu verdad

Los seres humanos nos relacionamos con máscaras. Con roles. Con defensas. Con versiones editadas de nosotros mismos. Pero Jesús no se relaciona con tu máscara. Se relaciona con tu verdad. Él no busca tu perfección. Busca tu corazón. Él no te pide que te arregles antes de venir. Te pide que vengas tal como estás. Porque la sanidad no comienza con fuerza. Comienza con honestidad.

3. Jesús y los quebrantados: un patrón divino

Durante el ministerio de Jesús aquí en la tierra vimos algo muy peculiar y característico de Jesús. Cada vez que Jesús se encontró con alguien herido, sucedió algo profundo.

- **Con la mujer samaritana:** Sanó su vergüenza.
- **Con el endemoniado gadareno:** Sanó su identidad.
- **Con la mujer del flujo de sangre:** Sanó su rechazo.
- **Con Pedro:** Sanó su culpa.

- **Con Tomás:** Sanó su incredulidad.
- **Con el paralítico:** Sanó su impotencia.
- **Con el leproso:** Sanó su soledad.

Jesús no solo sana cuerpos. Sana historias.

4. Jesús entra donde otros no pueden entrar

Hay lugares dentro de ti que nadie conoce. Lugares donde guardaste:

- miedo
- vergüenza
- secretos
- traumas
- memorias
- silencios
- lágrimas no derramadas

Jesús entra allí. Él entra en:

- la habitación donde lloraste solo
- el momento donde fuiste herido
- la escena que te marcó
- la palabra que te destruyó
- la ausencia que te rompió
- la traición que te congeló

Él no entra para señalarte ni juzgarte. Entra para restaurarte. Con Él no hay riesgo de engaño, abandono o traición. Su presencia es el lugar más seguro para tu desahogo, tu verdad y tu sanidad. Con Jesús, incluso lo que parecía irreparable comienza a encontrar vida otra vez.

5. La humildad de Cristo: el antídoto del narcisismo

El narcisismo defensivo nace del miedo. La humildad de Cristo nace del amor. Jesús no vino a imponerse. Vino a servir. Vino a amar. Vino a sanar. Su humildad no es debilidad. Es fortaleza emocional y espiritual. Cuando una persona herida se encuentra con la humildad de Cristo, algo se derrite dentro de ella. La máscara cae. La defensa se suaviza. El corazón se abre.

La humildad de Cristo es medicina
Para el alma endurecida.

6. La compasión de Cristo: el bálsamo para la vergüenza

La vergüenza dice: "No soy suficiente".
Jesús dice: "Eres amado".
La vergüenza dice: "Soy un error".
Jesús dice: "Eres mi hijo".
La vergüenza dice: "Dios está decepcionado de mí".
Jesús dice: "Yo vine por ti."
La compasión de Cristo no solo te consuela. Te dignifica.

7. La restauración del corazón: un proceso, no un evento

El encuentro con Cristo puede ser instantáneo, pero la sanidad es un proceso. Jesús no solo quiere tocar tu herida. Quiere caminar contigo. Él no solo quiere que toques el borde de su manto, él quiere que entres a cenar con él y quedarte con él, disfrutar su presencia y su intimidad.

El proceso incluye:

- reconocer tu dolor
- entregar tu carga
- permitir que Él te muestre la verdad
- renunciar a las mentiras que creíste
- recibir su amor diariamente
- practicar vulnerabilidad con Él
- dejar que su Palabra reemplace tus pensamientos
- permitir que su Espíritu transforme tus reacciones

Jesús no te sana para que seas perfecto. Te sana para que seas libre.

8. La presencia de Cristo en tu historia

Jesús estuvo allí en cada momento de tu vida, incluso cuando no lo sentiste. Él estuvo:

- cuando lloraste
- cuando te abandonaron
- cuando te rechazaron
- cuando te humillaron
- cuando te traicionaron
- cuando te ignoraron
- cuando te culparon
- cuando te rompieron

Él no causó tu dolor. Pero nunca te dejó solo en él. Y ahora quiere caminar contigo hacia la restauración.

Ejercicio práctico: Encuentro guiado con Cristo Sanador

- Busca un lugar tranquilo. Respira profundo. Cierra los ojos.
- Imagina a Jesús acercándose a ti con ternura. No con juicio. No con prisa. No con exigencia.
- Pregúntale: "Señor, ¿qué parte de mi corazón quieres sanar hoy?"
- Espera en silencio. Permite que Él te muestre una memoria, una emoción, una herida o una verdad.
- Luego escribe lo que sentiste o percibiste.

Oración de cierre del capítulo

Jesús, Sanador de mi alma, entra en los lugares donde nadie más pudo entrar. Toca mis heridas más profundas. Sana mi vergüenza, mi miedo, mi dolor. Muéstrame tu amor, tu compasión y tu verdad. Hazme libre para vivir sin máscaras, para amar sin miedo y para caminar contigo cada día. Amén.

CAPÍTULO 8
SANANDO EL NIÑO INTERIOR

Reconocer, nombrar, validar, procesar

Dentro de cada adulto vive un niño. Un niño que aprendió a sobrevivir como pudo. Un niño que cargó más de lo que podía sostener. Un niño que se adaptó para no perder el amor, la seguridad o la pertenencia. Un niño que, aunque creció el cuerpo, nunca recibió la oportunidad de sanar. Sanar el niño interior no es un concepto psicológico moderno. Es un proceso profundamente espiritual, emocional y humano. Es permitir que la parte más vulnerable de ti sea vista, escuchada y restaurada. Este capítulo te guía paso a paso en ese proceso: **reconocer, nombrar, validar y procesar** la historia que quedó atrapada en tu interior.

1. ¿Quién es el niño interior?

El niño interior es la parte emocional más profunda de tu ser. Es la memoria viva de tu infancia. Es la voz que aprendió a callar. Es la emoción que aprendió a esconderse. Es la necesidad que nunca fue atendida.

El niño interior guarda:

- tus primeras heridas
- tus primeras alegrías
- tus primeros miedos
- tus primeras pérdidas
- tus primeras creencias sobre ti mismo
- tus primeras interpretaciones del amor

No es una metáfora. Es una realidad emocional.

2. Señales de que tu niño interior está herido

El niño interior se manifiesta en la adultez de formas sutiles pero constantes.

Señales comunes:

- sensibilidad extrema al rechazo
- miedo a la soledad
- necesidad de aprobación
- dificultad para poner límites
- miedo a la vulnerabilidad
- reacciones exageradas ante críticas
- perfeccionismo
- dependencia emocional
- autosabotaje
- miedo a ser visto
- dificultad para confiar

Estas reacciones no son inmadurez. Son memorias emocionales activadas.

3. Reconocer: el primer paso hacia la sanidad

No se puede sanar lo que no se reconoce. El primer paso es mirar hacia adentro con honestidad.

Pregúntate:

- ¿Qué parte de mí reacciona como un niño?
- ¿Qué situaciones me hacen sentir pequeño, inseguro o asustado?
- ¿Qué heridas de mi infancia aún duelen cuando las recuerdo?

Reconocer no es culpar. Es iluminar.

4. Nombrar: darle lenguaje a lo que viviste

El niño interior no tenía palabras para describir lo que vivió. Solo tenía sensaciones. Por eso, nombrar tu experiencia es un acto de liberación.

Ejemplos:

- "Me sentí solo."
- "Me sentí ignorado."
- "Me sentí insuficiente."
- "Me sentí responsable de todo."
- "Me sentí invisible."

- "Me sentí culpable por cosas que no eran mi culpa."

Nombrar transforma el caos en claridad.

5. Validar: darle permiso a tu historia

El niño interior no necesita que lo corrijan. Necesita que lo validen.

Validar significa decir:

- "Lo que viviste fue real."
- "Tu dolor tiene sentido."
- "No estabas exagerando."
- "No fue tu culpa."
- "Merecías amor, cuidado y protección."

La validación rompe la vergüenza. La vergüenza sana cuando se expone a la verdad.

6. Procesar: liberar lo que quedó atrapado

Procesar no es revivir el trauma. Es liberar la emoción que quedó congelada.

Formas de procesar:

- llorar lo que no pudiste llorar
- escribir lo que nunca pudiste decir
- hablar con alguien seguro
- orar desde la vulnerabilidad

- permitir que Jesús entre en la memoria
- expresar emociones reprimidas
- confrontar creencias falsas
- reemplazar mentiras por verdad

Procesar es permitir que la emoción atrapada encuentre salida.

7. El diálogo con el niño interior: una herramienta poderosa

Hablar con tu niño interior no es fantasía. Es una técnica terapéutica y espiritual profundamente transformadora. Es algo simbólico pero realmente interno que ayuda a confrontar lo que no pudiste cuando niño porque no tenías la capacidad que tienes hoy.

Ejemplo de diálogo:
Adulto: "Sé que estás asustado. No voy a ignorarte."
Niño interior: "¿Me vas a dejar como me dejaron antes?"
Adulto: "No. Estoy aquí. No estás solo."
Niño interior: "¿Puedo llorar?"
Adulto: "Sí. Puedes llorar. Estoy contigo."
Este diálogo repara lo que la infancia rompió.

8. El reparenting cristiano: dejar que Dios sea Padre

Sanar el niño interior no es solo un proceso psicológico. Es un proceso espiritual. Dios no solo quiere sanar tu herida. Quiere **reparentarte**: ser el Padre que no tuviste, la Madre que necesitaste, la seguridad que te faltó, la voz que nunca escuchaste.

Él te dice:

- "Eres mi hijo amado."
- "Estoy contigo."
- "No te dejaré."
- "No tienes que ser fuerte todo el tiempo."
- "Puedes descansar en mí."

El niño interior sana cuando encuentra un Padre seguro.

9. La integración: cuando el niño interior deja de dirigir tu vida

Sanar no significa eliminar al niño interior. Significa integrarlo.

Cuando el niño interior sana:

- ya no reacciona con miedo
- ya no exige amor
- ya no se esconde
- ya no sabotea relaciones
- ya no busca aprobación
- ya no teme ser visto

El adulto toma el volante. El niño interior descansa.

Ejercicio práctico: Carta al niño interior

Escribe una carta comenzando así:
"Querido niño que vive en mí, quiero hablar contigo…"

Incluye:

- lo que vivió
- lo que sintió
- lo que necesitaba
- lo que merecía
- lo que ahora tú, como adulto, puedes darle

Luego termina con: "Ya no estás solo. Estoy aquí para ti."

Oración de cierre del capitulo

Señor, toma de la mano a mi niño interior. Sáname desde la raíz. Muéstrame las heridas que aún duelen y dame valentía para enfrentarlas con tu amor. Valida mi historia, restaura mi identidad y enséñame a vivir desde la libertad, no desde el miedo. Amén.

CAPÍTULO 9
REAPRENDIENDO A AMAR SIN MIEDO

La vulnerabilidad como camino de libertad

Amar es un riesgo. Amar implica abrir el corazón, mostrarse, entregarse, confiar, exponerse. Por eso, quienes crecieron con trauma infantil suelen amar con miedo. Miedo a ser heridos. Miedo a ser rechazados. Miedo a ser abandonados. Miedo a no ser suficientes. Cuando el amor fue inseguro en la infancia, el corazón aprende a protegerse con muros, máscaras y silencios. Aprende a sobrevivir, no a amar. Pero el amor verdadero no puede florecer donde gobierna el miedo, porque el miedo encoge el alma, limita la entrega y distorsiona la forma en que nos relacionamos. La vulnerabilidad, aunque parezca peligrosa, es el puente hacia la libertad emocional. Es el espacio donde dejamos de escondernos y comenzamos a ser. Es el lugar donde el Espíritu Santo nos invita a soltar las defensas que un día fueron necesarias, pero que hoy ya no nos sirven. Porque aunque el trauma enseñó a protegerse, el Espíritu Santo enseña a amar. Él nos guía a un amor que no nace del dolor, sino de la identidad; un amor que no se sostiene en el temor, sino en la verdad; un amor que no depende del pasado, sino de la presencia sanadora de Dios.

Este capítulo es una guía para reaprender el amor desde la sanidad, no desde la defensa; desde la libertad, no desde el temor. Aquí explorarás cómo abrir el corazón sin perderte, cómo amar sin desaparecer, cómo confiar sin anular tu voz, y cómo permitir que Dios restaure la capacidad de amar que el trauma intentó apagar. Reaprender a amar sin miedo es un proceso, un acto de valentía y un regalo de gracia. Y comienza con un paso: atreverte a ser vulnerable delante de Dios y, poco a poco, delante de quienes Él ha puesto en tu camino.

1. El amor aprendido desde la herida

El trauma infantil enseña una forma distorsionada de amar. El niño no aprende desde la realidad, sino desde la herida; no aprende desde el amor, sino desde la percepción marcada por el dolor. Su corazón interpreta el mundo a través de lo que vivió, no de lo que merecía. **El niño herido aprende que:**

- amar es peligroso
- depender es arriesgado
- expresar emociones es vergonzoso
- confiar es exponerse
- pedir afecto es ser débil
- mostrar necesidad es ser rechazado

Ese aprendizaje se convierte en un patrón emocional que se arrastra hasta la adultez. Sin darse cuenta, la persona continúa amando desde lo que vivió, desde lo que aprendió para sobrevivir, no desde lo que necesita para sanar. Así, el adulto repite sin querer la lógica emocional de su niñez. **El adulto herido ama así:**

- con distancia
- con control
- con miedo
- con exigencia
- con silencio
- con defensas
- con autosuficiencia
- con desconfianza

No porque no quiera amar, sino porque no sabe cómo hacerlo sin sentir amenaza. Su corazón desea conexión, pero su historia aprendió protección. Y entre ambos mundos, el amor se vuelve un campo de batalla interno.

2. El miedo como enemigo del amor

El miedo es la emoción más incompatible con el amor.

- **El miedo dice:** "Protégete."
- **El amor dice:** "Entrégate."
- **El miedo dice:** "No confíes."
- **El amor dice:** "Abre tu corazón".
- **El miedo dice:** "Te van a herir".
- **El amor dice:** "Vale la pena intentarlo".

El miedo no destruye el amor de golpe. Lo erosiona lentamente.

- apaga la conexión
- bloquea la intimidad
- distorsiona la comunicación
- crea sospechas
- genera distancia
- alimenta inseguridades

El miedo no es un enemigo externo. Es una memoria interna.

3. La vulnerabilidad: el puente hacia el amor verdadero

La vulnerabilidad es la capacidad de mostrarse sin máscaras. Es decir: "Esto soy. Esto siento. Esto necesito. Esto temo." La vulnerabilidad no es debilidad. Es valentía emocional.

La vulnerabilidad permite:

- conexión profunda
- intimidad real
- confianza mutua
- comunicación honesta
- relaciones auténticas

Sin vulnerabilidad, el amor es superficial. Con vulnerabilidad, el amor es transformador.

4. La empatía: el lenguaje del corazón sano

La empatía es la capacidad de sentir con el otro. De ponerse en su lugar. De escuchar sin juzgar. De comprender sin defenderse. La empatía es imposible cuando el corazón está en modo supervivencia. Pero cuando el corazón sana, la empatía florece.

La empatía sana:

- reduce conflictos
- aumenta la conexión
- fortalece la confianza
- suaviza las defensas
- crea seguridad emocional

La empatía es el lenguaje del amor maduro.

5. Reaprendiendo a amar: un proceso gradual

Amar sin miedo no es un evento. Es un proceso.

Etapa 1: Reconocer mis defensas

- ¿Me cierro?
- ¿Ataco?
- ¿Me distancio?
- ¿Me congelo?

Etapa 2: Identificar mis miedos

- ¿Qué temo perder?
- ¿Qué temo sentir?
- ¿Qué temo repetir?

Etapa 3: Practicar vulnerabilidad segura

- expresar emociones
- pedir apoyo

- compartir necesidades
- hablar desde el corazón

Etapa 4: Recibir amor sin sospecha

- aceptar gestos
- creer palabras
- permitir cercanía

Etapa 5: Amar desde la libertad

- sin controlar
- sin exigir
- sin manipular
- sin miedo

El amor sano se construye paso a paso.

6. El amor como decisión, no como reacción

El amor maduro no depende del estado emocional. Es una decisión diaria. **Amar es decidir:**

- escuchar cuando quiero defenderme
- acercarme cuando quiero huir
- hablar cuando quiero callar
- perdonar cuando quiero guardar distancia
- confiar cuando quiero sospechar
- ser vulnerable cuando quiero protegerme

El amor no es automático. Es intencional.

7. El Espíritu Santo como maestro del amor

El Espíritu Santo no solo sana heridas. También enseña a amar. Él produce:

- paciencia
- bondad
- mansedumbre
- dominio propio
- compasión
- humildad
- perdón
- ternura

El amor humano es limitado. El amor de Dios es ilimitado. Y cuando el Espíritu Santo transforma el corazón, el amor fluye sin miedo.

8. Amar sin miedo no significa amar sin límites

Amar sin miedo no es permitir abuso. No es tolerar irrespeto. No es aceptar maltrato. No es perder identidad. Amar sin miedo significa:

- amar desde la libertad
- amar desde la verdad
- amar desde la sanidad
- amar desde la identidad en Cristo

El amor sano tiene límites. Los límites protegen el amor.

Ejercicio práctico: "Lo que siento, lo que necesito, lo que pido"

Completa estas frases:

1. Cuando me cierro, en realidad siento…
2. Cuando me enojo, en realidad necesito…
3. Cuando me distancio, en realidad temo…
4. Cuando exijo, en realidad estoy pidiendo…
5. Cuando amo, quiero aprender a…

Luego comparte estas reflexiones con alguien de confianza.

Oración de cierre del capítulo

Señor, enséñame a amar sin miedo. Sana mis defensas, mis temores y mis heridas. Hazme valiente para ser vulnerable, humilde para pedir ayuda, y libre para amar como Tú amas. Que tu Espíritu Santo transforme mi corazón y me enseñe a amar desde la verdad, no desde el trauma. Amén.

CAPÍTULO 10
RELACIONES RESTAURADAS

*Sanidad que transforma
matrimonios, familias y comunidades*

La sanidad emocional no es un proceso aislado. Cuando una persona comienza a sanar, sus relaciones también empiezan a transformarse. La restauración interior, tarde o temprano, se refleja hacia afuera. No sucede de la noche a la mañana; tomará tiempo, pero lo más importante es dar el primer paso. A medida que el corazón sana, ya no hay necesidad de usar máscaras, porque las máscaras no son más que mecanismos de defensa. La literatura psicológica describe la "máscara narcisista" como una estructura creada para ocultar una vulnerabilidad profunda (Back & Morf, 2020). Cuando esa vulnerabilidad es atendida y restaurada, la máscara pierde su función. Este capítulo explora cómo la sanidad personal impacta el matrimonio, la familia, la comunidad y la vida espiritual. Porque cuando el corazón deja de reaccionar desde la herida y comienza a responder desde la verdad, las relaciones dejan de ser campos de batalla y se convierten en espacios de encuentro, conexión y crecimiento.

1. La restauración comienza dentro de ti

Antes de restaurar relaciones, Dios restaura tu interior. No puedes dar lo que no tienes. No puedes amar desde un corazón roto. No puedes conectar desde un corazón desconectado.

La restauración interior produce:

- claridad emocional
- empatía
- humildad
- capacidad de pedir perdón
- capacidad de perdonar
- límites sanos
- comunicación honesta
- amor sin miedo

La restauración relacional es un fruto, no un esfuerzo.

2. Restauración en el matrimonio: del conflicto a la conexión

Cuando uno o ambos cónyuges comienzan a sanar, el matrimonio experimenta un cambio profundo. La dinámica emocional se suaviza, la comunicación se vuelve más honesta y el ambiente del hogar empieza a reflejar paz en lugar de tensión. Podrás observar cambios visibles como:

- menos reacciones impulsivas
- más conversaciones honestas
- menos defensas
- más vulnerabilidad
- menos acusaciones
- más empatía
- menos distancia
- más conexión

El matrimonio deja de ser un lugar donde se activan heridas y se convierte en un lugar donde se sanan.

Claves para la restauración matrimonial:

- hablar desde el corazón, no desde la herida
- escuchar sin interrumpir
- validar emociones
- pedir perdón sin excusas
- perdonar sin recordar la ofensa
- crear espacios de conexión emocional
- practicar vulnerabilidad segura

El matrimonio restaurado no es perfecto. Es consciente, compasivo y honesto. Es un espacio donde ambos reconocen sus heridas sin usarlas como armas. Es una relación donde la vulnerabilidad se convierte en puente y no en amenaza. Es un compromiso diario de elegir el amor por encima del orgullo, la verdad por encima del silencio y la conexión por encima del miedo. De manera que comienzas a transformar las próximas generaciones.

3. Restauración en la familia: sanar generaciones

El trauma no sanado se hereda. Pero la sanidad también. Cuando una persona sana, rompe ciclos generacionales de:

- silencio
- violencia emocional
- abandono
- crítica
- frialdad
- exigencia
- vergüenza
- desconexión

La restauración familiar incluye:

- conversaciones que nunca se tuvieron
- perdones que nunca se pidieron
- límites que nunca existieron
- abrazos que nunca se dieron
- palabras que nunca se escucharon

La familia no siempre cambia al mismo ritmo. Pero la luz que entra por uno, ilumina a todos.

4. Restauración en la comunidad: relaciones más humanas

Cuando una persona sana, su forma de relacionarse cambia.

Antes de la sanidad:

- sospecha
- defensas
- comparaciones
- competencia
- aislamiento

Después de la sanidad:

- colaboración
- empatía
- apertura
- confianza
- conexión

La comunidad se convierte en un espacio seguro, no en un lugar de amenaza.

5. Restauración en la iglesia: de la religión a la relación

La iglesia es un lugar donde muchas heridas se activan, pero también donde muchas sanan. Cuando una persona sana emocionalmente, su espiritualidad se vuelve más profunda.

Cambios espirituales visibles:

- menos culpa
- más gracia
- menos perfeccionismo

- más autenticidad
- menos religiosidad
- más relación
- menos miedo
- más libertad

La iglesia deja de ser un lugar donde se actúa y se convierte en un lugar donde se es.

6. El perdón: la llave de la restauración

El perdón no es olvidar. No es justificar. No es minimizar. No es reconciliarse automáticamente. El perdón es liberar el corazón del peso que lo mantiene atado al pasado.

El perdón sano implica:

- reconocer la herida
- validar el dolor
- entregar la justicia a Dios
- soltar la expectativa de reparación
- elegir la libertad emocional

El perdón no siempre restaura la relación. Pero siempre restaura el corazón.

7. Los límites: la protección de la restauración

Restaurar no significa permitir abuso. No significa tolerar irrespeto. No significa volver a dinámicas tóxicas. Los límites son parte de la sanidad.

Límites sanos incluyen:

- decir "no" sin culpa
- proteger tu paz
- evitar conversaciones destructivas
- alejarse de ambientes dañinos
- no cargar responsabilidades ajenas
- no permitir manipulación emocional

Los límites no destruyen relaciones. Las purifican.

8. La reconciliación: cuando es posible y cuando no

La reconciliación es hermosa, pero no siempre posible. Depende de dos corazones, no de uno.

La reconciliación es posible cuando:

- hay arrepentimiento
- hay cambio
- hay responsabilidad
- hay respeto
- hay límites claros

La reconciliación NO es recomendable cuando:

- hay abuso
- hay manipulación
- hay violencia
- hay negación del daño
- hay falta de arrepentimiento

La restauración no siempre significa volver. A veces significa soltar. Soltar expectativas, soltar historias que ya no pueden repararse, soltar vínculos que dejaron de ser saludables. A veces la verdadera sanidad llega cuando dejamos ir lo que nos ata al dolor y permitimos que Dios cierre capítulos que nosotros no sabemos cómo terminar.

9. La restauración como testimonio

Una vida restaurada es un mensaje vivo. No necesitas predicar para impactar. Tu transformación habla por ti.

Tu restauración inspira a otros a:

- buscar ayuda
- enfrentar su historia
- sanar sus heridas
- romper ciclos
- acercarse a Dios

La restauración personal se convierte en restauración colectiva.

Ejercicio práctico: Plan de restauración relacional

Escribe tres relaciones que deseas restaurar. Para cada una, responde:

1. ¿Qué herida afecta esta relación?
2. ¿Qué puedo hacer yo para mejorarla?
3. ¿Qué límites necesito establecer?

4. ¿Qué debo perdonar?
5. ¿Qué debo pedir perdón por?
6. ¿Qué puedo hacer esta semana para dar un paso hacia la restauración?

Oración de cierre del capítulo

Señor, restaura mis relaciones. Sana lo que se rompió, ilumina lo que se oscureció y transforma lo que se endureció. Dame humildad para pedir perdón, sabiduría para poner límites y amor para construir conexiones sanas. Haz de mi vida un testimonio de tu restauración. Amén.

CAPÍTULO 11
UNA NUEVA IDENTIDAD EN CRISTO

De sobreviviente a hijo amado

La sanidad emocional no termina cuando reconoces tu herida... Ahí es donde apenas comienza. No termina cuando entiendes tu historia.... Ahí es cuando comienzas a entender el propósito detrás de tu existencia. No termina cuando abrazas a tu niño interior... Ahí es cuando finalmente comprendes que ha llegado el momento de crecer emocionalmente y dejar atrás al niño herido que tuvo que sobrevivir. La sanidad emocional culmina cuando descubres quién eres en Cristo. Cuando entiendes que no eres el resultado de lo que viviste, sino el resultado de lo que Él hizo por ti. La Escritura enseña que en Cristo somos nuevas criaturas, una verdad fundamental para la restauración emocional (Santa Biblia, 1960).

- Porque tu identidad **no está** en tu trauma.
- No está en tu pasado.
- No está en tus defensas.

- No está en tus errores.
- No está en tus máscaras.
- No está en lo que te hicieron.
- No está en lo que perdiste.

Tu identidad está en Aquel que te creó, te llamó, te amó y te restauró. Tu verdadera identidad se recupera cuando finalmente reconoces que sin Él nada puedes hacer, que lo necesitas para sanar, crecer y desarrollarte hasta el máximo potencial para el cual Dios te diseñó en Su corazón desde antes de la fundación del mundo.

Este capítulo es una invitación a caminar en esa identidad nueva, libre, segura y profundamente amada. A dejar de sobrevivir… y comenzar a vivir.

1. La identidad antes de Cristo: sobrevivir, no vivir

Antes de conocer a Cristo, la identidad se forma a partir de:

- heridas
- experiencias
- palabras recibidas
- traumas
- rechazos
- abandonos
- exigencias
- vergüenza
- miedo

La persona vive desde la defensa, no desde la verdad. Desde la supervivencia, no desde la plenitud.

Identidad basada en el trauma:

- "No soy suficiente."
- "No valgo."
- "Estoy solo."
- "Tengo que ser fuerte."
- "No puedo confiar."
- "Debo protegerme."

Pero Cristo no vino a mejorar tu identidad vieja. Vino a darte una nueva.

2. La identidad en Cristo: un regalo, no un logro

La identidad en Cristo no se gana. No se merece. No se construye. No se negocia. Se recibe.

En Cristo eres:

- hijo amado
- aceptado
- perdonado
- escogido
- protegido
- valorado
- acompañado
- restaurado
- libre

Tu identidad no depende de tu comportamiento. Depende de Su sacrificio. No eres definido por tus errores, sino por la gracia que te alcanzó. No eres el resultado de tus caídas, sino de la obra completa de Cristo a tu favor. Cuando entiendes esto, la culpa pierde fuerza y la vergüenza deja de gobernar tu historia.

3. De huérfano emocional a hijo amado

El trauma infantil crea huérfanos emocionales: personas que viven como si no tuvieran a quién acudir, como si todo dependiera de ellos, como si nadie los sostuviera. Pero en Cristo, ya no eres huérfano.

- **El huérfano emocional dice:** "Tengo que hacerlo solo".
- **El hijo amado dice:** "Mi Padre está conmigo."
- **El huérfano emocional dice:** "Nadie me cuida".
- **El hijo amado dice:** "Dios es mi refugio."
- **El huérfano emocional dice:** "No soy suficiente".
- **El hijo amado dice:** "Soy obra maestra de Dios".

La identidad de hijo rompe la identidad de sobreviviente.

4. De la vergüenza a la dignidad

La vergüenza tóxica es una de las heridas más profundas del trauma. Pero Cristo no solo perdona tu pecado. Restaura tu dignidad. Él te recuerda que no eres lo que te hicieron ni lo que hiciste. En su presencia, la vergüenza pierde su voz y la verdad recupera su lugar.

- **La vergüenza dice:** "Soy un error".
- **Cristo dice:** "Eres mi creación perfecta".
- **La vergüenza dice:** "No valgo."
- **Cristo dice:** "Fuiste comprado a precio de sangre".
- **La vergüenza dice:** "Dios está decepcionado de mí"."
- **Cristo dice:** "En ti tengo complacencia".

La cruz no solo cubre tu culpa. Cubre tu vergüenza.

5. De la máscara al rostro descubierto

El trauma enseña a usar máscaras. Cristo enseña a vivir con el rostro descubierto.

- **La máscara dice:** "Debo aparentar".
- **Cristo dice:** "Puedes ser auténtico".
- **La máscara dice:** "No puedo mostrar mis heridas".
- **Cristo dice:** "Mis heridas te sanan".
- **La máscara dice:** "Debo ser fuerte".
- **Cristo dice:** "Mi poder se perfecciona en tu debilidad".

La identidad en Cristo te permite ser tú mismo sin miedo. Te libera de la necesidad de impresionar, esconder o demostrar. Cuando sabes quién eres en Él, ya no vives para obtener aprobación, sino desde la seguridad de ser amado. Su verdad te da permiso para existir con autenticidad y caminar con libertad. Y no es una libertad para usarla como libertinaje, sino una libertad en Cristo: una libertad que transforma, que ordena, que purifica y que te guía a vivir conforme a la verdad.

6. De la defensa a la libertad

El trauma crea defensas. Cristo crea libertad.
Defensas comunes:

- control
- frialdad
- autosuficiencia
- distancia
- perfeccionismo
- silencio
- dureza

Estas defensas te protegieron, pero ahora te limitan. Cristo no te pide que las destruyas. Te invita a entregárselas. Porque donde está el Espíritu del Señor, allí hay libertad.

7. De la reacción a la transformación

La identidad vieja reacciona. La identidad nueva responde. La reacción nace del miedo, pero la respuesta nace de la verdad. La nueva identidad actúa desde la herida, mientras que la nueva actúa desde la sanidad que Cristo produce. Cuando vives desde tu nueva identidad, ya no eres esclavo de tus impulsos, sino guiado por el Espíritu que te da dominio propio y paz. Ahora comenzarás a pensar antes de actuar.

Antes:

- reaccionabas desde el miedo
- desde la herida
- desde la inseguridad
- desde la vergüenza
- desde la defensa

Ahora:

- respondes desde la verdad
- desde la paz
- desde la seguridad
- desde el amor
- desde la madurez

La identidad en Cristo transforma tu forma de vivir, amar y relacionarte. Te enseña a ver a los demás desde la gracia y no desde la herida. También te permite construir vínculos más sanos porque ya no buscas llenar vacíos, sino compartir plenitud.

8. Caminar en tu nueva identidad: pasos prácticos

1. **Reemplaza mentiras por verdad.** Identifica esos pensamientos que no vienen de Dios y cámbialos por palabras de versos bíblicos de las Sagradas Escrituras.
2. **Habla como hijo, no como huérfano.** Cambia tu lenguaje interno. Cambia las palabras negativas por palabras llenas de fe y positivismo afirmando

las verdades como hijo de Dios basadas en sus promesas y su fidelidad.
3. **Practica la vulnerabilidad con Dios.** Ora desde el corazón, no desde la religión. Sé honesto con Dios y conversa como si estuvieras hablando con alguien en quien confías completamente.
4. **Rodéate de relaciones sanas.** La identidad se fortalece en comunidad. Cambia el círculo de amigos que aportan solo cosas negativas a tu vida y no te añaden.
5. **Vive desde la gracia, no desde el esfuerzo.** Tu valor no depende de tu desempeño. Reconoce que no puedes hacer nada para ganar el favor de Dios, es solo su gracia y su misericordia hacia ti, no lo que tú puedas hacer para ganártelo.
6. **Permite que el Espíritu Santo renueve tu mente.** La transformación comienza en el pensamiento. Recuerda que la mente es el campo de batalla y la renovación de tu pensamiento es clave para ver el fruto de su Espíritu manifestarse en tu vida.

9. Declaraciones de identidad en Cristo

Declara estas verdades en voz alta:

- Soy hijo amado de Dios.
- No soy mi trauma.
- No soy mi pasado.
- No soy mis errores.
- No soy mis defensas.

- Soy aceptado, perdonado y restaurado.
- Soy libre para amar sin miedo.
- Soy valioso, digno y completo en Cristo.
- Mi historia está siendo redimida.
- Mi identidad está segura en Él.

Ejercicio práctico: "Mi nombre nuevo"

En la Biblia, Dios cambiaba nombres para marcar nuevas identidades.

Escribe:

1. El nombre que te dio el trauma (ej. "insuficiente", "invisible", "no amado").
2. El nombre que te da Cristo (ej. "hijo amado", "escogido", "preciado", "libre").

Luego ora: "Señor, renuncio al viejo nombre que la vida me forjó, y abrazo el nombre nuevo que Tú me das."

Oración de cierre del capítulo

Señor, gracias por darme una nueva identidad. Gracias por llamarme hijo, por amarme sin condiciones y por restaurar lo que el trauma quiso destruir. Hoy renuncio a mis máscaras, mis miedos y mis mentiras. Abrazo la verdad de quién soy en Ti. Hazme caminar cada día como hijo amado, libre, seguro y lleno de tu Espíritu. Amén.

CONCLUSIÓN

LA HISTORIA NO TERMINA EN LA HERIDA

Has llegado al final de este libro… pero no al final de tu proceso. Este no es un cierre. Es un comienzo. La sanidad emocional no es un destino al que se llega de un salto. Es un camino que se recorre día a día, paso a paso, con paciencia, con gracia, con valentía… y con la compañía fiel del Espíritu Santo. Si algo has descubierto en estas páginas, es que tu herida **no define tu identidad**. Tu pasado **no determina tu futuro**. Tu trauma **no es tu nombre**. Tu dolor **no es tu destino**. Eres más que lo que viviste. Eres más que lo que te hicieron. Eres más que tus defensas, tus reacciones o tus miedos. Eres hijo. Eres amado. Eres visto. Eres restaurado. Eres libre. Pero lee esto con el corazón abierto: **La historia no termina en la herida. La historia termina en la redención.** Y la redención no es un concepto. Es una persona. Es Cristo entrando en los lugares donde nadie más pudo entrar, tocando lo que nadie más pudo tocar, sanando lo que parecía imposible de sanar. Este es tu momento de clímax espiritual. Este es el punto donde el cielo se inclina hacia tu historia. Donde Dios toma tu mano temblorosa y te dice: "No terminaste aquí. Apenas estás comenzando." Este es el instante donde tu alma, por primera vez en mucho tiempo, se atreve a creer que la vida puede ser diferente. Que tú puedes ser diferente. Que tu historia puede tener un final distinto al que el dolor te hizo creer.

Este es el momento donde el sobreviviente dentro de ti comienza a transformarse en hijo amado. Donde el niño herido deja de esconderse. Donde el adulto cansado deja de huir. Donde tu espíritu, por fin, respira.

Y ahora… escucha el susurro que cambia destinos

- Dios está escribiendo contigo un capítulo nuevo.
- Uno que no nace del trauma, sino de la gracia.
- Uno que no nace del miedo, sino del amor.
- Uno que no nace de la herida, sino de la restauración.
- Un capítulo donde ya no caminas solo.
- Un capítulo donde ya no sobrevives… **vives.**
- Un capítulo donde tu voz vuelve a levantarse.

Donde tu corazón vuelve a sentir. Donde tu alma vuelve a confiar. Donde tu identidad se afirma en Cristo y no en tu pasado. Este no es el final. Este es el renacer. Y mientras cierras estas páginas, algo en tu interior se abre. *Una puerta. Un llamado. Una promesa.*

Lo mejor de tu historia aún no ha sido escrito.
Y Dios —tu Padre, tu Sanador, tu Restaurador—
Está listo para escribirlo contigo.

> Tu historia no termina en la herida.
> Comienza en la restauración.

Declaración Profética

En el nombre de Jesús, declaro sobre mi vida que este es el final de mi temporada de sobrevivir y el comienzo de mi temporada de vivir.

Declaro que toda herida que marcó mi infancia pierde hoy su poder sobre mi identidad.

Declaro que toda palabra que me hirió, me limitó o me definió queda sin autoridad sobre mi destino.

Declaro que toda máscara que usé para protegerme se cae ahora delante de la presencia de Dios, y que Él me viste con verdad, dignidad y propósito.

Hoy proclamo que no soy lo que me hicieron, no soy lo que perdí, no soy lo que temí, no soy lo que callé, no soy lo que me dijeron que era. Soy lo que Dios dice que soy.

Declaro que mi corazón se alinea con la voz del Padre, que mi alma se ordena bajo Su verdad, y que mi espíritu se despierte a una nueva identidad.

Hoy renuncio a:

- la vergüenza y el miedo
- el rechazo y la soledad
- la autocrítica y la culpa
- la mentira de "no soy suficiente"

Y recibo:

- amor y aceptación
- restauración y libertad
- identidad, propósito y plenitud

Declaro que **mi historia no termina en la herida**, mi historia termina en la redención. Y esa redención comienza hoy.

Proclamo que **Dios está escribiendo conmigo un capítulo nuevo**, uno donde camino sin miedo, amo sin reservas, vivo sin máscaras, y avanzo sin cadenas.

Declaro que **mi niño interior es sanado**, mi adulto es fortalecido, y mi espíritu es afirmado como **hijo amado del Padre**.

Hoy cierro este libro, pero **no cierro mi proceso**. Hoy cierro estas páginas, pero **abro mi corazón a la obra continua del Espíritu Santo**.

Declaro que **lo mejor de mi historia aún no ha sido escrito**, y que Dios —mi Padre, mi Sanador, mi Restaurador— camina conmigo hacia lo que viene. Así lo creo. Así lo recibo. Así lo declaro.

En el nombre poderoso de Jesús.

Amén.

Bendición Pastoral

Que el Señor, tu Padre eterno, envuelva ahora tu corazón con Su paz. Que Su presencia te rodee como un manto suave, sanando lo que aún duele, restaurando lo que fue quebrado y despertando lo que parecía dormido. Declaro sobre tu vida que la gracia de Dios te cubre, Su amor te sostiene y Su mano poderosa te guía. Que el Espíritu Santo ilumine cada rincón de tu alma, trayendo claridad donde hubo confusión, verdad donde hubo mentira, y libertad donde hubo cadenas.

Que Jesús, el Sanador de los quebrantados, entre en las memorias que aún te pesan, en las heridas que aún sangran, y en los silencios que aún duelen, y que Su toque transforme todo en vida, propósito y redención. Que el Padre te recuerde cada día que no estás solo, que no estás olvidado, que no estás descalificado.

Eres Su hijo amado, Su deleite, Su creación preciosa. Que tu identidad en Cristo se afirme con poder, que tu espíritu se fortalezca, que tu mente se renueve, y que tu corazón se expanda para recibir todo lo que Él tiene preparado para ti. Que el Señor abra caminos donde antes solo viste muros, que abra puertas donde antes viste rechazo, y que te lleve a lugares donde tu alma pueda florecer sin miedo.

Que la bendición del Padre, la gracia del Hijo y la comunión del Espíritu Santo te acompañen hoy y todos los días de tu vida. Y que al cerrar este libro, no cierres tu proceso, sino que entres en una nueva temporada de sanidad, libertad y plenitud.

En el nombre poderoso de Jesús.
Amén.

EPÍLOGO
LA BELLEZA DE LO QUE DIOS RESTAURA

Cuando Dios restaura, no devuelve las cosas a como eran antes. Él no remienda. Él no parchea. Él no reconstruye sobre ruinas viejas. Las hace nuevas. Las hace más fuertes. Las hace más profundas. Las hace más hermosas.

Él Hace Todo Nuevo.

Lo nuevo de Dios no es una copia del pasado. Es algo más fuerte, más profundo, más estable, más hermoso. Algo que no se parece a lo que perdiste, sino a lo que Él siempre quiso darte.

Tu historia no es un fracaso. Es un testimonio. Es una evidencia viva de que Dios entra en los lugares donde nadie más pudo entrar, toca lo que nadie más pudo tocar y sana lo que parecía imposible de sanar.

Si estás leyendo estas líneas, significa que sobreviviste a lo que quiso destruirte. Significa que tu alma resistió tormentas que otros nunca vieron. Significa que, aun con heridas, seguiste caminando. Significa que Dios te sostuvo incluso cuando tú no sabías que Él estaba ahí.

Este libro no es solo el comienzo de una vida más consciente, más libre, más auténtica y más conectada con tu propósito. Es el inicio de una temporada donde ya no reaccionas desde la herida, sino desde la identidad. Donde ya no caminas desde el miedo, sino desde la verdad. Donde ya no sobrevives... **vives**.

Que tu sanidad inspire a otros. Que tu libertad abra puertas. Que tu transformación rompa ciclos que parecían eternos. Que tu historia sea luz para quienes aún caminan en la oscuridad, esperando una señal, una palabra, un abrazo, y una esperanza.

Porque tú no solo fuiste sanado para ti. Fuiste sanado para ser instrumento de sanidad. Fuiste restaurado para restaurar. Fuiste levantado para levantar a otros. Y que siempre recuerdes esta verdad eterna:

Lo que Dios restaura, nadie lo puede destruir.
Lo que Dios levanta, nadie lo puede derribar.
Lo que Dios marca, nadie lo puede borrar.
Lo que Dios comienza, Él mismo lo perfecciona.

Tu historia continúa...
Y lo mejor todavía está por escribirse y recuerda:

Tu historia no termina en la herida.
Comienza en la restauración.

PLAN
DE 30 DÍAS DE SANIDAD EMOCIONAL

Un Viaje Diario Hacia
La Restauración

PLAN DE 30 DÍAS DE SANIDAD EMOCIONAL

UN VIAJE DIARIO HACIA LA RESTAURACIÓN

¡Bienvenidos! Este *Plan de 30 Días de Sanidad Emocional* ha sido diseñado como un camino intencional de restauración interior, guiado por la Palabra de Dios, la reflexión consciente y la presencia sanadora del Espíritu Santo. Cada día te invita a detenerte, respirar, mirar hacia adentro y permitir que Dios ilumine áreas de tu corazón que quizás han permanecido ocultas, heridas o silenciadas por años.

No es un programa de prisa, sino un proceso de profundidad. No es una lista de tareas, sino un viaje espiritual. Aquí aprenderás a escuchar tu alma, a reconocer tus emociones, a identificar patrones, a soltar cargas y a recibir la verdad que Dios habla sobre ti.

Cada día incluye cuatro elementos esenciales que trabajan juntos para producir transformación:

- **Versículo:** Una porción bíblica que abre el corazón y establece el enfoque espiritual del día.
- **Reflexión:** Un pensamiento guiado que te ayuda a conectar la Palabra con tu historia personal.
- **Acción práctica:** Un paso sencillo pero significativo para integrar la sanidad en tu vida diaria.
- **Oración breve:** Un momento de entrega, conexión y dependencia del Señor.

Permite que este plan sea un espacio de encuentro con Dios, contigo mismo y con la verdad que libera. Día a día, paso a paso, verás cómo el Señor restaura tu corazón, renueva tu mente y fortalece tu identidad en Cristo.

Este es tu tiempo. Este es tu proceso. Este es tu camino hacia la sanidad emocional.

Este es un camino de restauración interior guiado por la Palabra, la reflexión consciente y la presencia sanadora de Dios.

MENSAJE MOTIVACIONAL – DÍA 1

"Hoy comienza tu regreso a ti."
Hoy marcas un antes y un después en tu historia. No porque todo vaya a cambiar de inmediato, sino porque tú has decidido dar el primer paso. Y ese primer paso, aunque parezca pequeño, es un acto de valentía, de fe y de amor propio. Hoy eliges mirar hacia adentro con honestidad, sin miedo a lo que puedas encontrar, confiando en que Dios caminará contigo en cada descubrimiento.

Quizás vienes con cansancio, con dudas, con heridas que has cargado por años. Quizás no sabes por dónde empezar o temes remover memorias que duelen. Pero hoy no estás solo. El Señor está cerca del quebrantado de corazón, y Él mismo te sostiene mientras comienzas este viaje.

Este día no se trata de resolverlo todo. Se trata de abrir el corazón. De permitir que la luz entre. De reconocer que hay un niño interior que aprendió a sobrevivir, pero que ahora merece sanar. Hoy comienzas a escucharlo, a honrarlo y a entregarlo en las manos de Aquel que puede restaurarlo.

Respira profundo.
Coloca tu mano sobre tu corazón.
Y declara dentro de ti:
"Estoy listo para comenzar. Dios está conmigo."

Este es tu día 1.
Tu punto de partida.

Tu primer paso hacia la libertad emocional y espiritual que Dios preparó para ti.
Bienvenido al proceso.
Bienvenido a tu sanidad.

SEMANA 1 – RECONOCIENDO LA HERIDA

Día 1 — "Señor, muéstrame mi historia."
Versículo: Salmo 139:23
Reflexión: La sanidad comienza cuando permitimos que Dios ilumine nuestra historia sin miedo.
Acción: Escribe una oración pidiendo revelación sobre tu pasado.
Oración: "Señor, muéstrame lo que necesito ver."

Día 2 — **Identifica emociones reprimidas.**
Versículo: Proverbios 20:5
Reflexión: Las emociones ocultas siguen hablando aunque intentemos silenciarlas.
Acción: Haz una lista de emociones que evitas sentir.
Oración: "Dame valentía para sentir."

Día 3 — **Escribe tu línea de vida.**
Versículo: Salmo 90:12
Reflexión: Mirar atrás con honestidad nos ayuda a comprender patrones.
Acción: Dibuja una línea desde tu niñez hasta hoy, marcando eventos clave.
Oración: "Guíame mientras reviso mi historia."

Día 4 — **Reconoce tus defensas.**
Versículo: Efesios 4:25
Reflexión: Las defensas nos protegieron, pero ahora pueden limitarnos.
Acción: Identifica tres mecanismos de defensa que usas.

Oración: "Ayúdame a soltar lo que ya no necesito."

Día 5 — Nombra tu herida primaria.
Versículo: Jeremías 6:14
Reflexión: Nombrar la herida es un acto de valentía espiritual.
Acción: Escribe cuál crees que es tu herida raíz.
Oración: "Señor, sana mi herida más profunda."

Día 6 — Practica honestidad emocional.
Versículo: Salmo 51:6
Reflexión: La verdad interior abre espacio para la restauración.
Acción: Expresa una emoción difícil a alguien seguro o en tu diario.
Oración: "Hazme verdadero por dentro."

Día 7 — Oración de entrega.
Versículo: Mateo 11:28
Reflexión: La entrega no es rendición, es descanso.
Acción: Escribe aquello que necesitas entregar hoy.
Oración: "Recibo tu descanso, Jesús."

SEMANA 2 – SANANDO EL NIÑO INTERIOR

Día 8 — Identifica tu niño interior.
Versículo: Mateo 18:3
Reflexión: Dentro de ti vive un niño que aún espera ser visto.
Acción: Describe cómo imaginas a tu niño interior.

Oración: "Ayúdame a encontrarme con ese niño."

Día 9 — Valida su dolor.
Versículo: Salmo 34:18
Reflexión: El dolor negado se convierte en cadenas; el dolor validado se transforma.
Acción: Escribe una frase afirmando su dolor: "Lo que viviste fue real."
Oración: "Abraza mi dolor, Señor."

Día 10 — Escribe una carta.
Versículo: Isaías 41:10
Reflexión: Hablarle a tu niño interior crea un puente de compasión.
Acción: Escribe una carta desde tu yo adulto a tu niño.
Oración: "Enséñame a amarme."

Día 11 — Identifica creencias falsas.
Versículo: Juan 8:32
Reflexión: Muchas creencias nacieron del dolor, no de la verdad.
Acción: Escribe tres creencias que te limitan.
Oración: "Revela lo que no viene de Ti."

Día 12 — Reemplázalas con verdad.
Versículo: Romanos 12:2
Reflexión: La renovación de la mente es un proceso espiritual y emocional.
Acción: Escribe una verdad bíblica que reemplace cada mentira.
Oración: "Renueva mi mente."

Día 13 — Practica compasión contigo mismo.
Versículo: Colosenses 3:12
Reflexión: La compasión hacia ti mismo es parte de la sanidad.
Acción: Haz un acto de bondad hacia ti hoy.
Oración: "Enséñame a tratarme con ternura."

Día 14 — Oración de abrazo interior.
Versículo: Sofonías 3:17
Reflexión: Dios canta sobre ti incluso en tus heridas.
Acción: Visualiza a Dios abrazando a tu niño interior.
Oración: "Abrázame, Señor."

SEMANA 3 – RESTAURANDO RELACIONES

Día 15 — Identifica patrones relacionales.
Versículo: Proverbios 4:7
Reflexión: No podemos cambiar lo que no reconocemos.
Acción: Escribe patrones repetitivos en tus relaciones.
Oración: "Dame sabiduría para ver."

Día 16 — Practica vulnerabilidad segura.
Versículo: 2 Timoteo 1:7
Reflexión: La vulnerabilidad no es debilidad; es valentía guiada.
Acción: Comparte algo auténtico con alguien confiable.
Oración: "Guía mi corazón."

Día 17 — Habla desde el corazón.
Versículo: Efesios 4:15

Reflexión: La verdad en amor transforma conexiones.
Acción: Practica una conversación honesta con alguien.
Oración: "Pon tus palabras en mi boca."

Día 18 — Pide perdón.
Versículo: Mateo 5:23-24
Reflexión: Pedir perdón libera el alma.
Acción: Identifica a alguien a quien necesitas pedir perdón.
Oración: "Humilla mi corazón con amor."

Día 19 — Perdona.
Versículo: Marcos 11:25
Reflexión: El perdón no excusa, pero sí libera.
Acción: Escribe el nombre de alguien que necesitas perdonar.
Oración: "Ayúdame a soltar."

Día 20 — Establece límites.
Versículo: Proverbios 4:23
Reflexión: Los límites son actos de amor propio y claridad.
Acción: Define un límite que necesitas implementar.
Oración: "Protégeme mientras aprendo."

Día 21 — Oración por relaciones.
Versículo: Romanos 12:18
Reflexión: La paz es un camino que se construye.
Acción: Ora por tres relaciones importantes.
Oración: "Hazme instrumento de paz."

SEMANA 4 – IDENTIDAD NUEVA EN CRISTO

Día 22 — Declara quién eres en Cristo.
Versículo: 2 Corintios 5:17
Reflexión: Tu identidad no está en tu herida, sino en tu Redentor.
Acción: Escribe cinco declaraciones de identidad en Cristo.
Oración: "Recuérdame quién soy."

Día 23 — Renuncia a tu identidad vieja.
Versículo: Efesios 4:22–24
Reflexión: La sanidad implica dejar atrás lo que ya no te define.
Acción: Escribe aquello que ya no aceptarás como identidad.
Oración: "Revísteme de lo nuevo."

Día 24 — Acepta el amor de Dios.
Versículo: Romanos 8:38–39
Reflexión: El amor de Dios es la base de toda restauración.
Acción: Medita 10 minutos en el amor incondicional de Dios.
Oración: "Abro mi corazón a tu amor."

Día 25 — Practica gratitud.
Versículo: 1 Tesalonicenses 5:18
Reflexión: La gratitud cambia la perspectiva y sana el alma.
Acción: Escribe 10 cosas por las que agradeces hoy.
Oración: "Gracias por tu fidelidad."

Día 26 — Habla como hijo, no como huérfano.
Versículo: Romanos 8:15
Reflexión: El lenguaje revela identidad.
Acción: Cambia una frase de miedo por una de confianza.
Oración: "Padre, enséñame a hablar como tu hijo."

Día 27 — Actúa desde la libertad.
Versículo: Gálatas 5:1
Reflexión: La libertad se practica, no solo se proclama.
Acción: Haz una acción que refleje tu libertad en Cristo.
Oración: "Quiero caminar libre."

Día 28 — Oración de identidad.
Versículo: 1 Pedro 2:9
Reflexión: Eres escogido, amado y apartado.
Acción: Declara en voz alta tu identidad en Cristo.
Oración: "Afirmo quién soy en Ti."

Día 29 — Escribe tu testimonio.
Versículo: Apocalipsis 12:11
Reflexión: Tu historia tiene poder para liberar a otros.
Acción: Escribe tu proceso de sanidad hasta hoy.
Oración: "Usa mi historia para tu gloria."

Día 30 — Celebra tu proceso.
Versículo: Filipenses 1:6
Reflexión: Dios comenzó la obra y Él la perfeccionará.
Acción: Celebra con un acto simbólico tu avance.
Oración: "Gracias por lo que has hecho en mí."

GUIA DE ESTUDIO

Para Grupos Y Lideres

12 Sesiones
Una Por Capitulo

GUÍA DE ESTUDIO PARA GRUPOS Y LÍDERES

12 SESIONES — UNA POR CAPÍTULO

INTRODUCCIÓN A LA GUÍA DE ESTUDIO PARA GRUPOS Y LÍDERES

La *Guía de Estudio para Grupos y Líderes* que acompaña este libro fue creada para facilitar un proceso profundo de sanación emocional, restauración espiritual y transformación personal en un ambiente seguro, guiado y comunitario. Cada sesión está diseñada para ayudar a los participantes a explorar su historia, comprender sus patrones emocionales, identificar sus defensas, y abrir espacio para que Cristo sane las áreas más vulnerables del corazón. Este material puede ser utilizado por líderes de grupos pequeños, pastores, consejeros, facilitadores, matrimonios, equipos ministeriales o cualquier persona que desee acompañar a otros en un camino de crecimiento. No requiere formación profesional en consejería, pero sí un corazón dispuesto a escuchar, acompañar y crear un ambiente de respeto, confidencialidad y compasión.

Cada sesión incluye cinco elementos esenciales que trabajan juntos para producir un proceso integral:

1. OBJETIVO

Define la intención central de la sesión y orienta la conversación hacia un propósito claro.

2. LECTURA SUGERIDA

Una porción bíblica cuidadosamente seleccionada para iluminar el tema desde la perspectiva de la Palabra de Dios y abrir el corazón a la verdad que sana.

3. PREGUNTAS DE REFLEXIÓN

Invitan a la introspección, la honestidad y la conexión con la propia historia emocional. Estas preguntas no buscan respuestas "correctas", sino autenticidad.

4. ACTIVIDAD PRÁCTICA

Ayuda a llevar el contenido de la sesión a la experiencia personal. Son ejercicios sencillos pero profundos que facilitan la comprensión emocional, la expresión interna y la integración espiritual.

5. ORACIÓN FINAL

Cierra cada encuentro invitando al Espíritu Santo a sellar lo aprendido, traer revelación y continuar la obra de sanidad más allá del grupo.

Esta guía está diseñada para avanzar de manera progresiva: desde reconocer la herida, comprender las defensas, identificar patrones, sanar la imagen de Dios, encontrar a Cristo en la historia personal, restaurar relaciones y, finalmente, afirmar una nueva identidad en Él. Cada sesión construye sobre la anterior, permitiendo que el proceso sea seguro, gradual y transformador.

Mi oración es que esta guía se convierta en un instrumento de restauración para tu vida, tu familia, tu iglesia y tu comunidad. Que cada encuentro sea un espacio donde la verdad libere, el amor restaure y Cristo sane lo que parecía imposible.

NOTA PARA LÍDERES

Querido líder,
Gracias por aceptar el llamado de acompañar a otros en un proceso tan sagrado como la sanidad emocional y espiritual. Guiar un grupo que trabaja temas de trauma, identidad y restauración requiere sensibilidad, paciencia y un corazón dispuesto a escuchar más de lo que habla. No estás aquí para "arreglar" a nadie, sino para crear un espacio seguro donde el Espíritu Santo pueda obrar.

Tu rol es facilitar, no presionar; acompañar, no dirigir la vida de nadie; sostener el espacio, no cargar con las historias. Confía en que Dios hará lo que tú no puedes hacer. Tu presencia, tu compasión y tu disposición ya son parte de la sanidad que otros necesitan.

Recuerda:
• No eres terapeuta, eres un acompañante.
• No tienes que tener todas las respuestas, solo un corazón disponible.
• No estás solo; el Espíritu Santo es el verdadero Consejero.
Gracias por servir con amor, humildad y valentía.

2. Cómo Facilitar un Grupo de Sanidad Emocional
Facilitar un grupo requiere estructura, claridad y un ambiente seguro. Aquí tienes principios esenciales:

1. Establece un ambiente de seguridad
• Confidencialidad absoluta.

- Respeto por el tiempo y la voz de cada participante.
- Nadie está obligado a compartir más de lo que desea.

2. Sé un guía, no un protagonista
- Haz preguntas abiertas.
- Evita sermonear o corregir testimonios.
- Permite silencios; a veces son parte de la sanidad.

3. Mantén el ritmo
Cada sesión tiene un propósito. Avanza sin prisa, pero con dirección. Si un tema se vuelve muy intenso, ora, respira y continúa cuando el grupo esté listo.

4. No fuerces procesos
Cada persona sana a su propio ritmo. Algunos llorarán, otros guardarán silencio, otros escribirán. Todo es válido.

5. Ora antes y después
Pide discernimiento, sensibilidad y sabiduría. Este trabajo no se hace en fuerzas humanas.

6. Reconoce tus límites
Si alguien necesita ayuda profesional, recomiéndalo con amor. Ser líder no significa cargar con todo.

7. Celebra cada avance
Un pequeño paso emocional puede ser un gran milagro espiritual.

ORACIÓN DE APERTURA GENERAL PARA LA GUÍA

Señor Jesús,

Hoy abrimos este espacio con corazones dispuestos a escuchar, aprender y sanar. Te invitamos a caminar con nosotros en cada sesión, en cada conversación y en cada recuerdo que salga a la luz. Que tu amor perfecto eche fuera todo temor, y que tu presencia traiga paz donde hubo dolor, claridad donde hubo confusión y esperanza donde hubo silencio.

Espíritu Santo, guía nuestras palabras, nuestras emociones y nuestros pensamientos. Haz de este grupo un refugio seguro donde cada persona pueda ser vista, escuchada y amada. Sana lo que está roto, restaura lo que se perdió y revela la verdad que libera.

Padre, afirmamos que este proceso te pertenece. Que tu luz ilumine cada historia y que tu gracia sostenga cada paso. Declaramos que este será un tiempo de transformación, identidad y restauración profunda.

Amén.

MENSAJE DE BIENVENIDA PARA LOS PARTICIPANTES

Bienvenidos a este proceso de sanidad, verdad y restauración.

Este grupo no es un lugar para juzgar, competir o aparentar. Es un espacio seguro donde cada historia tiene valor, cada emoción tiene un lugar y cada persona es recibida con dignidad y amor. Aquí no venimos a demostrar fortaleza, sino a permitir que Dios nos fortalezca. No venimos a escondernos, sino a ser vistos. No venimos a correr, sino a caminar juntos.

A lo largo de estas sesiones, exploraremos heridas, patrones, defensas y verdades profundas que han marcado nuestra vida. Habrá momentos de claridad, momentos de confrontación y momentos de consuelo. Todo es parte del proceso. No estás solo. No estás rota. No estás atrasado. Estás exactamente donde Dios quiere comenzar a trabajar.

Te invito a abrir tu corazón, a ser honesto contigo mismo y a permitir que el Espíritu Santo te acompañe paso a paso. Este es un viaje hacia la libertad, hacia la identidad y hacia el amor verdadero.

Gracias por atreverte a comenzar.

SESIÓN 1 – EL NIÑO QUE APRENDIÓ A SOBREVIVIR

Objetivo: Reconocer la raíz emocional de la herida.
Lectura sugerida: Salmo 34:18. *El Señor está cerca del quebrantado de corazón.* Perfecto para reconocer la herida original y la presencia de Dios en ella.
Preguntas:
¿Qué aprendí a hacer para sobrevivir?
¿Qué emociones dejé de sentir?
Actividad: Línea de vida emocional.
Oración final: Señor, gracias por mostrarme dónde comenzó mi herida. Te entrego al niño que fui y las emociones que aprendí a esconder. Camina conmigo mientras descubro lo que aún necesita ser sanado. Amén.

SESIÓN 2 – CUANDO EL CORAZÓN SE ENDURECE

Objetivo: Identificar defensas emocionales.
Lectura sugerida: Ezequiel 36:26. *Les daré un corazón nuevo y quitaré el corazón de piedra.* Ideal para hablar de defensas emocionales y corazas internas.
Preguntas:
¿Cómo me protejo?
¿Qué me cuesta sentir?
Actividad: Diario emocional.
Oración final: Padre, muéstrame las defensas que levanté para sobrevivir. Quita de mí el corazón de piedra y dame un corazón sensible, sano y libre. Amén.

SESIÓN 3 – EL NARCISISMO COMO DEFENSA

Objetivo: Comprender la máscara emocional.
Lectura sugerida: 1 Samuel 16:7. *El hombre mira lo que está delante de sus ojos, pero Dios mira el corazón.* Ayuda a explorar la máscara emocional y el "falso yo".
Preguntas:
¿Qué máscara uso?
¿Qué temo mostrar?
Actividad: Escribir "mi falso yo".
Oración final: Jesús, revélame las máscaras que uso para protegerme. Enséñame a vivir desde la verdad y no desde el miedo. Mira mi corazón y transfórmalo. Amén.

SESIÓN 4 – EL ADULTO QUE EXIGE LO QUE NUNCA RECIBIÓ

Objetivo: Identificar necesidades no expresadas.
Lectura sugerida: Santiago 4:1-3. *Piden, pero no reciben...* Conecta con necesidades no expresadas y expectativas ocultas.
Preguntas:
¿Qué espero que otros adivinen?
Actividad: "Lo que siento vs. lo que digo".
Oración final: Señor, muéstrame mis necesidades no expresadas y enséñame a comunicarlas con amor. Libérame de expectativas ocultas y dame madurez emocional. Amén.

SESIÓN 5 – MATRIMONIOS AFECTADOS POR EL TRAUMA

Objetivo: Reconocer patrones relacionales.
Lectura sugerida: Efesios 4:31–32. *Sean amables, perdonándose unos a otros.* Excelente para patrones relacionales y heridas activadas en la pareja.
Preguntas:
¿Qué activa mi herida en la relación?
Actividad: Conversación guiada.
Oración final: Dios, sana mis patrones relacionales. Ayúdame a amar con paciencia, humildad y verdad. Restaura lo que el trauma dañó. Amén.

SESIÓN 6 – LÍDERES HERIDOS QUE HIEREN

Objetivo: Sanar el liderazgo.
Lectura sugerida: Juan 13:3–5. *Jesús lavó los pies de sus discípulos.* Modelo de liderazgo sano, humilde y restaurado.
Preguntas:
¿Qué parte de mi liderazgo nace de mi herida?
Actividad: Autoevaluación.
Oración final: Padre, purifica mi liderazgo. Sana las áreas donde he dirigido desde mi herida y enséñame a servir como Jesús: con humildad, amor y verdad. Amén.

SESIÓN 7 – EL COSTO ESPIRITUAL DEL TRAUMA

Objetivo: Sanar la imagen de Dios.
Lectura sugerida: Salmo 27:10 *Aun si mi padre y mi madre me abandonaran, el Señor me recogerá.* Profundo para sanar la imagen de Dios.
Preguntas:
¿Cómo veo a Dios realmente?
Actividad: Reemplazar mentiras por verdad.
Oración final: Señor, restaura mi imagen de Ti. Reemplaza las mentiras que creí por la verdad de tu amor. Recuérdame que nunca me has abandonado. Amén.

SESIÓN 8 – EL ENCUENTRO CON CRISTO SANADOR

Objetivo: Invitar a Jesús a la herida.
Lectura sugerida: Lucas 4:18 *El Espíritu del Señor… me ha enviado a sanar a los quebrantados de corazón.* Central para invitar a Jesús a la herida.
Preguntas:
¿Qué conozco acerca de Cristo?
¿Qué pienso de la sanidad?
Actividad: Oración guiada de encuentro.
Oración final: Jesús, entra en mis heridas más profundas. Tócalas con tu amor y restaura lo que pensé que nunca sanaría. Te abro mi corazón. Amén.

SESIÓN 9 – SANANDO EL NIÑO INTERIOR

Lectura sugerida: Mateo 18:3 *Si no se hacen como niños…* Perfecto para validar la historia emocional y abrazar al niño interior.
Objetivo: Validar la historia emocional.
Preguntas:
¿Has dejado que "el niño interior" dirija tu vida?
¿Justificas tu conducta con el "niño herido"?
Actividad: Carta al niño interior.
Oración final: Padre, abrazo al niño que fui y lo pongo en tus manos. Sana su dolor, restaura su voz y enséñame a vivir desde la madurez y no desde la herida. Amén.

SESIÓN 10 – REAPRENDIENDO A AMAR SIN MIEDO

Objetivo: Practicar vulnerabilidad.
Lectura sugerida: 1 Juan 4:18. *En el amor no hay temor.* Clave para practicar vulnerabilidad y amor seguro.
Actividad: "Lo que siento, lo que necesito, lo que pido".
Preguntas:
¿Deseo siempre salirme con la mía?
¿Todos tienen que darme lo que pido?
Oración final: Señor, enséñame a amar sin temor. Quita de mí la necesidad de controlar y dame valentía para ser vulnerable. Amén.

SESIÓN 11 – RELACIONES RESTAURADAS

Objetivo: Crear un plan de restauración.
Lectura sugerida: Colosenses 3:12–14. *Vístanse de misericordia, humildad, mansedumbre…* Ideal para planes de restauración y reconciliación.
Actividad: Plan relacional.
Preguntas:
¿Reconozco cuándo me equivoco?
¿He aprendido a decir perdón?
Oración final: Dios, dame humildad para reconocer mis errores y valentía para pedir perdón. Guíame en el camino de la reconciliación y la restauración. Amén.

SESIÓN 12 – UNA NUEVA IDENTIDAD EN CRISTO

Objetivo: Afirmar la identidad nueva.
Lectura sugerida: 2 Corintios 5:17 *Si alguno está en Cristo, nueva criatura es.* El cierre perfecto para afirmar identidad y transformación.
Actividad: Declaraciones de identidad.
Preguntas:
¿Reconozco quién soy en Cristo?
¿Me cuesta verme como Él me ve?
Oración final: Jesús, afirmo mi identidad en Ti. Declaro que soy nuevo, libre y amado. Ayúdame a caminar cada día desde la verdad de quién soy en Cristo. Amén.

ORACIÓN DE CIERRE GENERAL DEL PROGRAMA

Señor amado,

Hoy cerramos este proceso con gratitud en el corazón. Gracias por cada sesión, cada conversación, cada lágrima, cada revelación y cada paso de valentía que diste junto a nosotros. Gracias por mostrarnos que no estamos definidos por nuestras heridas, sino por tu amor; que no somos el dolor que vivimos, sino la obra que estás formando en nosotros.

Padre, te entregamos todo lo que salió a la luz: las memorias, los miedos, las defensas, las máscaras, las heridas y los silencios. Te pedimos que continúes la obra que comenzaste, que sigas sanando lo que aún duele, restaurando lo que parecía perdido y afirmando nuestra identidad en Cristo.

Espíritu Santo, permanece con cada participante. Sé guía, consuelo, verdad y fortaleza. Que lo aprendido aquí no se quede en estas páginas, sino que se convierta en transformación diaria, en decisiones nuevas, en relaciones sanadas y en una vida vivida desde la libertad.

Jesús, gracias por caminar con nosotros, por entrar en nuestras heridas y por mostrarnos que tu amor es más fuerte que cualquier historia. Declaramos que este proceso no termina aquí; apenas comienza. Amén.

ORACIÓN DE BENDICIÓN FINAL

Que el Señor te bendiga y te guarde.

Que ilumine tu corazón con su verdad y te llene de paz. Que sane las memorias que aún duelen y fortalezca las áreas donde te sentías débil. Que te recuerde cada día que eres amado, visto y conocido por Él. Que el Espíritu Santo te acompañe en cada paso, guiándote hacia relaciones más sanas, decisiones más sabias y una identidad más firme en Cristo. Que tu niño interior encuentre descanso, tu adulto encuentre dirección y tu espíritu encuentre propósito. Que Jesús sea tu refugio, tu sanador y tu verdad. Que su amor perfecto eche fuera todo temor y te enseñe a amar sin miedo, vivir sin máscaras y caminar sin vergüenza. Y que lo que Dios comenzó en ti, Él mismo lo perfeccione. En el nombre del Padre, del Hijo y del Espíritu Santo. Amén.

Si deseas compartir tu experiencia como lector de *El Niño Herido y el Adulto Narcisista*, o como líder, pastor o estudiante que ha utilizado este material, será un honor escucharte. Puedes escribirnos a: **jdncpublications@gmail.com**.

ACERCA DEL AUTOR
CONOZCAMOS MÁS DE EDNA L ISAAC

Nació en Aguadilla, Puerto Rico, y se mudó a los Estados Unidos a los 16 años, donde se estableció en Massachusetts. Está casada con Francisco J. Isaac desde hace 34 años y tienen cuatro hijos. Edna es una figura multifacética, conocida como agente de cambio profesional, autora y oradora internacional.

Es la CEO y Presidenta de JDN Corporation y JDN Publications / EDUCATE Publishing, con sede en Taunton, MA, y con un impacto que se extiende a nivel internacional.

Es fundadora y pastora asociada de la Iglesia Casa de Adoración (CDA House of Worship) en Taunton, MA, la cual dirige junto a su esposo, el Pastor Francisco J. Isaac.

También es la fundadora de; Radio WHUC 95.6 FM (en etapa de construcción); Entre Amigas Internacional, un ministerio dedicado a sanar, empoderar y predicar; Association of Christian Churches and Ministries Inc.; y JDN Global Leadership Network.

Además, Edna es una figura activa en su comunidad y en el ámbito académico. Anteriormente presidió por siete años la Asociación de Clérigos de Taunton, MA y áreas limítrofes. También fue profesora por más de una década en dos diferentes escuelas teológicas: en la ETME, Escuela Teológica Ministerial Elías, ubicada en Boston, MA, y en el Instituto Bíblico Getsemaní de Asambleas de Dios en la ciudad de New Bedford.

Actualmente trabaja como Senior Counselor en uno de los Community Justice Support Centers en MA. Es autora, editora, educadora y líder espiritual con una trayectoria marcada por la pasión de sanar, enseñar y transformar vidas. Como Fundadora y presidenta de **JDN Publications** y **Educate Publishing**, Edna ha dedicado años a acompañar a autores, iglesias, educadores y comunidades en la creación de recursos que elevan, restauran y empoderan.

Con más de **catorce obras literarias publicadas** y participación como **coautora en múltiples proyectos**, Edna se ha consolidado como una voz influyente en temas de sanidad emocional, identidad espiritual y crecimiento personal. Su publicación más reciente antes de este libro, *Entre Amigas: Historias del Alma que Inspiran e Impactan* (2025), reúne relatos transformadores que celebran la fuerza, vulnerabilidad y resiliencia de la mujer.

Su trabajo combina de manera única la **excelencia editorial**, la **formación educativa**, la **inteligencia emocional**, la **creatividad narrativa** y el **ministerio pastoral**. Como Pastora Asociada junto a su esposo, Edna ha caminado con cientos de personas en procesos de restauración interior, identidad y crecimiento espiritual, convirtiéndose en una voz confiable para quienes buscan sanar heridas profundas y reencontrarse con su propósito divino.

Edna es también diseñadora de currículos educativos y programas de desarrollo emocional para escuelas y comunidades, con un enfoque especial en poblaciones vulnerables y contextos multiculturales. Su visión es clara: equipar a las nuevas generaciones con herramientas que transformen no solo su conducta, sino su corazón.

Es autora del libro **Aprendiendo a Volar Sobre la Tormenta** (2010), donde comparte su propio proceso de sanidad y la revelación que transformó su relación con Dios. Su testimonio de perdón hacia su padre terrenal y la restauración de su identidad como hija del Padre Celestial se ha convertido en un pilar de su mensaje y en una fuente de esperanza para muchos.

En *El Niño Herido y el Adulto Narcisista*, Edna entrelaza su experiencia pastoral, su formación educativa y su profundo entendimiento del trauma emocional para guiar al lector hacia una comprensión clara de sus heridas, sus defensas y su verdadera identidad en Cristo. Su estilo es cercano, honesto y profundamente humano, invitando a cada lector a un viaje de autodescubrimiento, libertad y redención.

Edna reside en **Taunton, Massachusetts**, desde donde continúa desarrollando proyectos editoriales, impartiendo talleres, formando líderes y sirviendo a comunidades locales e internacionales con un mensaje de esperanza, identidad y transformación.

Para más información, puede buscarla en los medios sociales o puedes visitar www.jdnpublications.com y www.jdncorporation.com o contactar por correo electrónico a: jdncpublications@gmail.com.

REFERENCIAS

Back, M. D., & Morf, C. C. (2020). *Narcissism*. En **Encyclopedia of Personality and Individual Differences**. Springer.

EBSCO Research Starters. (s.f.). *Narcissism (psychology)*.

Isaac, E. L. (2010). *Aprendiendo a volar sobre la tormenta*. Xulon Press.

Orth, U., Krauss, S., & Back, M. D. (2024). *Development of narcissism across the life span: A meta-analytic review of longitudinal studies*. Psychological Bulletin.

Santa Biblia. (1960). *Reina-Valera 1960*. Sociedades Bíblicas Unidas.

Wikipedia. (s.f.). *Narcissism*. https://en.wikipedia.org/wiki/Narcissism

Yakeley, J. (2018). *Current understanding of narcissism and narcissistic personality disorder*. BJPsych Advances.

www.ingramcontent.com/pod-product-compliance
Lightning Source LLC
Chambersburg PA
CBHW061800070526
44586CB00023B/2641